Heinrich von Kleist

Die Familie Schroffenstein

Ein Trauerspiel in fünf Aufzügen

Heinrich von Kleist: Die Familie Schroffenstein. Ein Trauerspiel in fünf Aufzügen

Entstanden 1802, Erstdruck: Bern und Zürich (Heinrich Geßner) 1803. Uraufführung am 9.1.1804 in Graz.

Neuausgabe mit einer Biographie des Autors
Herausgegeben von Karl-Maria Guth
Berlin 2017

Der Text dieser Ausgabe folgt:
Heinrich von Kleist: Werke und Briefe in vier Bänden. Herausgegeben von Siegfried Streller in Zusammenarbeit mit Peter Goldammer und Wolfgang Barthel, Anita Golz, Rudolf Loch, Berlin und Weimar: Aufbau, 1978.

Die Paginierung obiger Ausgabe wird hier als Marginalie zeilengenau mitgeführt.

Umschlaggestaltung von Thomas Schultz-Overhage unter Verwendung des Bildes: Anselm Feuerbach, Romeo und Julia, 1864

Gesetzt aus der Minion Pro, 11 pt

Verlag: Henricus - Edition Deutsche Klassik GmbH
Mörchinger Str. 33, 14169 Berlin, info@henricus-verlag.de
Druck: Libri Plureos GmbH, Friedensallee 273, 22763 Hamburg

Die Ausgaben der Sammlung Hofenberg basieren auf zuverlässigen Textgrundlagen. Die Seitenkonkordanz zu anerkannten Studienausgaben machen Hofenbergtexte auch in wissenschaftlichem Zusammenhang zitierfähig.

ISBN 978-3-7437-0798-6

Bibliografische Information der Deutschen Nationalbibliothek

Die Deutsche Nationalbibliothek verzeichnet diese Publikation in der Deutschen Nationalbibliografie; detaillierte bibliografische Daten sind im Internet über www.dnb.de abrufbar.

Personen

Rupert, Graf von Schroffenstein, aus dem Hause Rossitz.

Eustache, seine Gemahlin.

Ottokar, ihr Sohn.

Johann, Ruperts natürlicher Sohn.

Sylvius, Graf von Schroffenstein, aus dem Hause Warwand.

Sylvester, sein Sohn, regierender Graf.

Gertrude, Sylvesters Gemahlin, Stiefschwester der Eustache.

Agnes, ihre Tochter.

Jeronimus von Schroffenstein, aus dem Hause Wyk.

Aldöbern,
Santing,
Fintenring, Vasallen Ruperts.

Theistiner, Vasall Sylvesters.

Ursula, eine Totengräberswitwe.

Barnabe, ihre Tochter.

Eine Kammerjungfer der Eustache.

Ein Kirchenvogt.

Ein Gärtner.

Zwei Wanderer.

Ritter, Geistliche, Hofgesinde.

Das Stück spielt in Schwaben.

Erster Aufzug

Erste Szene

Rossitz. Das Innere einer Kapelle. Es steht ein Sarg in der Mitte, um ihn herum Rupert, Eustache, Ottokar, Jeronimus, Ritter, Geistliche, das Hofgesinde, und ein Chor von Jünglingen und Mädchen. Die Messe ist soeben beendigt.

CHOR DER MÄDCHEN *mit Musik.*
Niedersteigen,
Glanzumstrahlet,
Himmelshöhen zur Erd herab,
Sah ein Frühling
Einen Engel.
Nieder trat ihn ein frecher Fuß.
CHOR DER JÜNGLINGE.
Dessen Thron die weiten Räume decken,
Dessen Reich die Sterne Grenzen stecken,
Dessen Willen wollen wir vollstrecken,
Rache! Rache! Rache! schwören wir.
CHOR DER MÄDCHEN.
Aus dem Staube
Aufwärts blickt' er
Milde zürnend den Frechen an;
Bat, ein Kindlein,
Bat um Liebe.
Mörders Stahl gab die Antwort ihm.
CHOR DER JÜNGLINGE *wie oben.*
CHOR DER MÄDCHEN.
Nun im Sarge,
Ausgelitten,
Faltet blutige Händlein er,
Gnade betend
Seinem Feinde.

Trotzig stehet der Feind und schweigt.
CHOR DER JÜNGLINGE *wie oben.*

Während die Musik zu Ende geht, nähert sich die Familie und ihr Gefolge dem Altar.

RUPERT.
Ich schwöre Rache! Rache! auf die Hostie,
Dem Haus Sylvesters, Grafen Schroffenstein.

Er empfängt das Abendmahl.

Die Reihe ist an dir, mein Sohn.
OTTOKAR.
Mein Herz
Trägt wie mit Schwingen deinen Fluch zu Gott,
Ich schwöre Rache, so wie du.
RUPERT.
Den Namen,
Mein Sohn, den Namen nenne.
OTTOKAR.
Rache schwör ich,
Sylvestern Schroffenstein!
RUPERT.
Nein irre nicht.
Ein Fluch, wie unsrer, kömmt vor Gottes Ohr
Und jedes Wort bewaffnet er mit Blitzen.
Drum wäge sie gewissenhaft. – Sprich nicht
Sylvester, sprich sein ganzes Haus, so hast
Du's sichrer.
OTTOKAR.
Rache! schwör ich, Rache!
Dem Mörderhaus Sylvesters.

Er empfängt das Abendmahl.

RUPERT.
Eustache,
Die Reihe ist an dir.
EUSTACHE.
Verschone mich,

Ich bin ein Weib –
RUPERT.
Und Mutter auch des Toten.
EUSTACHE.
O Gott! Wie soll ein Weib sich rächen?
RUPERT.
In Gedanken. Würge
Sie betend.

Sie empfängt das Abendmahl.
Rupert führt Eustache in den Vordergrund.
Alle folgen.

RUPERT.
Ich weiß, Eustache, Männer sind die Rächer –
Ihr seid die Klageweiber der Natur.
Doch nichts mehr von Natur.
Ein hold ergötzend Märchen ist's der Kindheit,
Der Menschheit von den Dichtern, ihren Ammen,
Erzählt. Vertrauen, Unschuld, Treue, Liebe,
Religion, der Götter Furcht sind wie
Die Tiere, welche reden. – Selbst das Band,
Das heilige, der Blutsverwandtschaft riß,
Und Vettern, Kinder eines Vaters, zielen,
Mit Dolchen zielen sie auf ihre Brüste.
Ja sieh, die letzte Menschenregung für
Das Wesen in der Wiege ist erloschen.
Man spricht von Wölfen, welche Kinder säugten,
Von Löwen, die das Einzige der Mutter
Verschonten. – Ich erwarte, daß ein Bär
An Oheims Stelle tritt für Ottokar.
Und weil doch alles sich gewandelt, Menschen
Mit Tieren die Natur gewechselt, wechsle
Denn auch das Weib die ihrige – verdränge
Das Kleinod Liebe, das nicht üblich ist,
Aus ihrem Herzen, um die Folie,
Den Haß, hineinzusetzen.
Wir
Indessen tun's in unsrer Art. Ich biete

Euch, meine Lehensmänner, auf, mir schnell
Von Mann und Weib und Kind, und was nur irgend
Sein Leben lieb hat, eine Schar zu bilden.
Denn nicht ein ehrlich offner Krieg, ich denke,
Nur eine Jagd wird's werden, wie nach Schlangen.
Wir wollen bloß das Felsenloch verkeilen,
Mit Dampfe sie in ihrem Nest ersticken,
– Die Leichen liegen lassen, daß von fernher
Gestank die Gattung schreckt, und keine wieder
In einem Erdenalter dort ein Ei legt.
EUSTACHE.
O Rupert, mäß'ge dich! Es hat der frech
Beleidigte den Nachteil, daß die Tat
Ihm die Besinnung selbst der Rache raubt,
Und daß in seiner eignen Brust ein Freund
Des Feindes aufsteht wider ihn, die Wut –
Wenn dir ein Garn Sylvester stellt, du läufst
In deiner Wunde blindem Schmerzgefühl
Hinein. – Könntst du nicht prüfen mindestens
Vorher, aufschieben noch die Fehde. – Ich
Will nicht den Arm der Rache binden, leiten
Nur will ich ihn, daß er so sichrer treffe.
RUPERT.
So, meinst du, soll ich warten, Peters Tod
Nicht rächen, bis ich Ottokars, bis ich
Auch deinen noch zu rächen hab – Aldöbern!
Geh hin nach Warwand, künd'ge ihm den Frieden auf.
– Doch sag's ihm nicht so sanft, wie ich, hörst du?
Nicht mit so dürren Worten – Sag daß ich
Gesonnen sei, an seines Schlosses Stelle
Ein Hochgericht zu bauen. – Nein, ich bitte,
Du mußt so matt nicht reden – Sag, ich dürste
Nach sein und seines Kindes Blute, hörst du?
Und seines Kindes Blute.

Er bedeckt sich das Gesicht;
Ab, mit Gefolge, außer Ottokar und Jeronimus.

JERONIMUS.
   Ein Wort, Graf Ottokar.
OTTOKAR.
   Bist du's, Jerome?
   Willkommen! Wie du siehst, sind wir geschäftig,
   Und kaum wird mir die Zeit noch bleiben, mir
   Die Rüstung anzupassen. – Nun, was gibt's?
JERONIMUS.
   Ich komm aus Warwand.
OTTOKAR.
   So? Aus Warwand? Nun?
JERONIMUS.
   Bei meinem Eid, ich nehme ihre Sache.
OTTOKAR.
   Sylvesters? Du?
JERONIMUS.
   Denn nie ward eine Fehde
   So tollkühn rasch, so frevelhaft leichtsinnig
   Beschlossen, als die eur'.
OTTOKAR.
   Erkläre dich.
JERONIMUS.
   Ich denke, das Erklären ist an dir.
   Ich habe hier in diesen Bänken wie
   Ein Narr gestanden,
   Dem ein Schwarzkünstler Faxen vormacht.
OTTOKAR.
   Wie?
   Du wüßtest nichts?
JERONIMUS.
   Du hörst, ich sage dir,
   Ich komm aus Warwand, wo Sylvester, den
   Ihr einen Kindermörder scheltet,
   Die Mücken klatscht, die um sein Mädchen summen.
OTTOKAR.
   Ja so, das war es. – Allerdings, man weiß,
   Du giltst dem Hause viel, sie haben dich
   Stets ihren Freund genannt, so solltest du

Wohl unterrichtet sein von ihren Wegen.
Man spricht, du freitest um die Tochter – Nun,
Ich sah sie nie, doch des Gerüchtes Stimme
Rühmt ihre Schönheit! Wohl. So ist der Preis
Es wert. –
JERONIMUS.
Wie meinst du das?
OTTOKAR.
Ich meine, weil –
JERONIMUS.
Laß gut sein, kann es selbst mir übersetzen.
Du meinest, weil ein seltner Fisch sich zeigt
Der doch zum Unglück bloß vom Aas sich nährt,
So schlüg ich meine Ritterehre tot,
Und hing' die Leich an meiner Lüste Angel
Als Köder auf –
OTTOKAR.
Ja, gradheraus, Jerome!
Es gab uns Gott das seltne Glück, daß wir
Der Feinde Schar leichtfaßlich, unzweideutig,
Wie eine runde Zahl erkennen. Warwand,
In diesem Worte liegt's, wie Gift in einer Büchse;
Und weil's jetzt drängt, und eben nicht die Zeit,
Zu mäkeln, ein zweideutig Körnchen Saft
Mit Müh herauszuklauben, nun so machen
Wir's kurz, und sagen, du gehörst zu Warwand.
JERONIMUS.
Bei meinem Eid, da habt ihr recht. Niemals
War eine Wahl mir zwischen euch und ihnen;
Doch muß ich mich entscheiden, auf der Stelle
Tu ich's, wenn so die Sachen stehn. Ja sieh,
Ich spreng auf alle Schlösser im Gebirg,
Empöre jedes Herz, bewaffne, wo
Ich's finde, das Gefühl des Rechts, den frech
Verleumdeten zu rächen.
OTTOKAR.
Das Gefühl
Des Rechts! O du Falschmünzer der Gefühle!

Nicht einen wird ihr blanker Schein betrügen;
Am Klange werden sie es hören, an
Die Tür zur Warnung deine Worte nageln. –
Das Rechtgefühl! Als ob's ein andres noch
In einer andern Brust, als dieses, gäbe!
Denkst du, daß ich, wenn ich ihn schuldlos glaubte,
Nicht selbst dem eignen Vater gegenüber
Auf seine Seite treten würde? Nun,
Du Tor, wie könnt ich denn dies Schwert, dies gestern
Empfangne, dies der Rache auf sein Haupt
Geweihte, so mit Wollust tragen? – Doch
Nichts mehr davon, das kannst du nicht verstehn.
Zum Schlusse – wir, wir hätten, denk ich, nun
Einander wohl nichts mehr zu sagen?
JERONIMUS.
– Nein.
OTTOKAR.
Leb wohl!
JERONIMUS.
Ottokar!
Was meinst du? Sieh, du schlägst mir ins Gesicht,
Und ich, ich bitte dich mit mir zu reden –
Was meinst du, bin ich nicht ein Schurke?
OTTOKAR.
Willst
Du's wissen, stell dich nur an diesen Sarg.

Ottokar ab. Jeronimus kämpft mit sich, will ihm nach, erblickt dann den Kirchenvogt.

JERONIMUS.
He, Alter!
KIRCHENVOGT.
Herr!
JERONIMUS.
Du kennst mich?
KIRCHENVOGT.
Warst du schon
In dieser Kirche?

JERONIMUS.
  Nein.
KIRCHENVOGT.
  Ei, Herr, wie kann
  Ein Kirchenvogt die Namen aller kennen,
  Die außerhalb der Kirche?
JERONIMUS.
  Du hast recht.
  Ich bin auf Reisen, hab hier angesprochen,
  Und finde alles voller Leid und Trauer.
  Unglaublich dünkt's mich, was die Leute reden,
  Es hab der Oheim dieses Kind erschlagen.
  Du bist ein Mann doch, den man zu dem Pöbel
  Nicht zählt, und der wohl hie und da ein Wort
  Von höhrer Hand erhorchen mag. Nun, wenn's
  Beliebt, so teil mir, was du wissen magst,
  Fein ordentlich und nach der Reihe mit.
KIRCHENVOGT.
  Seht, Herr, das tu ich gern. Seit alten Zeiten
  Gibt's zwischen unsern beiden Grafenhäusern,
  Von Rossitz und von Warwand einen Erbvertrag,
  Kraft dessen nach dem gänzlichen Aussterben
  Des einen Stamms, der gänzliche Besitztum
  Desselben an den andern fallen sollte.
JERONIMUS.
  Zur Sache, Alter! das gehört zur Sache nicht.
KIRCHENVOGT.
  Ei, Herr, der Erbvertrag gehört zur Sache.
  Denn das ist just als sagtest du, der Apfel
  Gehöre nicht zum Sündenfall.
JERONIMUS.
  Nun denn,
  So sprich.
KIRCHENVOGT.
  Ich sprech! Als unser jetz'ger Herr
  An die Regierung treten sollte, ward
  Er plötzlich krank. Er lag zwei Tage lang
  In Ohnmacht; alles hielt ihn schon für tot,

Und Graf Sylvester griff als Erbe schon
Zur Hinterlassenschaft, als wiederum
Der gute Herr lebendig ward. Nun hätt
Der Tod in Warwand keine größre Trauer
Erwecken können, als die böse Nachricht.
JERONIMUS.
Wer hat dir das gesagt?
KIRCHENVOGT.
Herr, zwanzig Jahre sind's,
Kann's nicht beschwören mehr.
JERONIMUS.
Sprich weiter.
KIRCHENVOGT.
Herr,
Ich spreche weiter. Seit der Zeit hat der
Sylvester stets nach unsrer Grafschaft her
Geschielt, wie eine Katze nach dem Knochen,
An dem der Hund nagt.
JERONIMUS.
Tat er das!
KIRCHENVOGT.
Sooft
Ein Junker unserm Herrn geboren ward,
Soll er, spricht man, erblaßt sein.
JERONIMUS.
Wirklich?
KIRCHENVOGT.
Nun,
Weil alles Warten und Gedulden doch
Vergebens war, und die zwei Knaben wie
Die Pappeln blühten, nahm er kurz die Axt,
Und fällte vorderhand den einen hier,
Den jüngsten, von neun Jahren, der im Sarg.
JERONIMUS.
Nun das erzähl, wie ist das zugegangen?
KIRCHENVOGT.
Herr, ich erzähl's dir ja. Denk dir, du seist
Graf Rupert, unser Herr, und gingst an einem Abend

Spazieren, weit von Rossitz, ins Gebirg;
Nun denke dir, du fändest plötzlich dort
Dein Kind, erschlagen, neben ihm zwei Männer
Mit blut'gen Messern, Männer, sag ich dir
Aus Warwand. Wütend zögst du drauf das Schwert
Und machtst sie beide nieder.
JERONIMUS.
  Tat Rupert das?
KIRCHENVOGT.
Der eine, Herr, blieb noch am Leben, und
Der hat's gestanden.
JERONIMUS.
  Gestanden?
KIRCHENVOGT.
Ja, Herr, er hat's rein h'raus gestanden.
JERONIMUS.
  Was
Hat er gestanden?
KIRCHENVOGT.
  Daß sein Herr Sylvester
Zum Morde ihn gedungen und bezahlt.
JERONIMUS.
  Hast du's gehört? Aus seinem Munde?
KIRCHENVOGT.
  Herr,
Ich hab's gehört aus seinem Munde, und die ganze
Gemeinde.
JERONIMUS.
  Höllisch ist's! – Erzähl's genau.
  Sprich, wie gestand er's?
KIRCHENVOGT.
  Auf der Folter.
JERONIMUS.
  Auf
Der Folter? Sag mir seine Worte.
KIRCHENVOGT.
  Herr,
Die hab ich nicht genau gehöret, außer eins.

Denn ein Getümmel war auf unserm Markte,
Wo er gefoltert ward, daß man sein Brüllen
Kaum hören konnte.
JERONIMUS.
Außer eins, sprachst du;
Nenn mir das *eine* Wort, das du gehört.
KIRCHENVOGT.
Das *eine* Wort, Herr, war: Sylvester.
JERONIMUS.
Sylvester! – – Nun, und was war's weiter?
KIRCHENVOGT.
Herr, weiter war es nichts. Denn bald darauf,
Als er's gestanden hatt, verblich er.
JERONIMUS.
So?
Und weiter weißt du nichts?
KIRCHENVOGT.
Herr nichts.

Jeronimus bleibt in Gedanken stehn.

EIN DIENER *tritt auf.*
War nicht
Graf Rupert hier?
JERONIMUS.
Suchst du ihn? Ich geh mit dir.

Alle ab.
Ottokar und Johann treten von der andern Seite auf.

OTTOKAR.
Wie kamst du denn zu diesem Schleier? Er
Ist's, ist's wahrhaftig – Sprich – Und so in Tränen?
Warum denn so in Tränen? So erhitzt?
Hat dich die Mutter Gottes so begeistert,
Vor der *du* knietest?
JOHANN.
Gnäd'ger Herr – als ich
Vorbeiging an dem Bilde, riß es mich
Gewaltsam zu sich nieder. –

14

OTTOKAR.
Und der Schleier?
Wie kamst du denn zu diesem Schleier, sprich?
JOHANN.
Ich sag dir ja, ich fand ihn.
OTTOKAR.
Wo?
JOHANN.
Im Tale
Zum heil'gen Kreuz.
OTTOKAR.
Und kennst nicht die Person,
Die ihn verloren?
JOHANN.
– Nein.
OTTOKAR.
Gut. Es tut nichts.
Ist einerlei. – Und weil er dir nichts nützet,
Nimm diesen Ring, und laß den Schleier mir.
JOHANN.
Den Schleier – ? Gnäd'ger Herr, was denkst du? Soll
Ich das Gefundene an dich verhandeln?
OTTOKAR.
Nun, wie du willst. Ich war dir immer gut,
Und will's dir schon so lohnen, wie du's wünschest.

Er küßt ihn, und will gehen.

JOHANN.
Mein bester Herr – O nicht – o nimm mir alles,
Mein Leben, wenn du willst. –
OTTOKAR.
Du bist ja seltsam.
JOHANN.
Du nähmst das Leben mir mit diesem Schleier.
Denn einer heiligen Reliquie gleich
Bewahrt er mir das Angedenken an
Den Augenblick, wo segensreich, heilbringend,
Ein Gott ins Leben mich, ins ew'ge führte.

OTTOKAR.
　　Wahrhaftig? – Also fandst du ihn wohl nicht?
　　Er ward dir wohl geschenkt? Ward er? Nun sprich.
JOHANN.
　　Fünf Wochen sind's – nein, morgen sind's fünf Wochen,
　　Als sein gesamt berittnes Jagdgefolge
　　Dein Vater in die Forsten führte. Gleich
　　Vom Platz, wie ein gekrümmtes Fischbein, flog
　　Das ganze Roßgewimmel ab ins Feld.
　　Mein Pferd, ein ungebändigt tückisches,
　　Von Hörnerklang, und Peitschenschall, und Hund-
　　Geklaff verwildert, eilt ein eilendes
　　Vorüber nach dem andern, streckt das Haupt
　　Vor deines Vaters Roß schon an der Spitze –
　　Gewaltig drück ich in die Zügel; doch,
　　Als hätt's ein Sporn getroffen, nun erst greift
　　Es aus, und aus dem Zuge, wie der Pfeil
　　Aus seinem Bogen, fliegt's dahin – Rechts um
　　In einer Wildbahn reiß ich es, bergan;
　　Und weil ich meinen Blicken auf dem Fuß
　　Muß folgen, eh ich, was ich sehe, wahr
　　Kann nehmen, stürz ich, Roß und Reiter, schon
　　Hinab in einen Strom. –
OTTOKAR.
　　Nun, Gott sei Dank,
　　Daß ich auf trocknem Land dich vor mir sehe.
　　Wer rettete dich denn?
JOHANN.
　　Wer, fragst du? Ach,
　　Daß ich mit einem Wort es nennen soll!
　　– Ich kann's dir nicht so sagen, wie ich's meine,
　　Es war ein nackend Mädchen.
OTTOKAR.
　　Wie? Nackend?
JOHANN.
　　Strahlenrein, wie eine Göttin
　　Hervorgeht aus dem Bade. Zwar ich sah
　　Sie fliehend nur in ihrer Schöne – Denn

Als mir das Licht der Augen wiederkehrte,
Verhüllte sie sich. –
OTTOKAR.
Nun?
JOHANN.
Ach, doch ein Engel
Schien sie, als sie verhüllt nun zu mir trat;
Denn das Geschäft der Engel tat sie, hob
Zuerst mich Hingesunknen – löste dann
Von Haupt und Nacken schnell den Schleier, mir
Das Blut, das strömende, zu stillen.
OTTOKAR.
O!
Du Glücklicher!
JOHANN.
Still saß ich, rührte nicht ein Glied,
Wie eine Taub in Kindeshand.
OTTOKAR.
Und sprach sie nicht?
JOHANN.
Mit Tönen wie aus Glocken – fragte, stets
Geschäftig, wer ich sei? woher ich komme?
– Erschrak dann lebhaft, als sie hört', ich sei
Aus Rossitz.
OTTOKAR.
Wie? Warum denn das?
JOHANN.
Gott weiß.
Doch hastig fördernd das Geschäft, ließ sie
Den Schleier mir, und schwand.
OTTOKAR.
Und sagte sie
Dir ihren Namen nicht?
JOHANN.
Dazu war sie
Durch Bitten nicht, nicht durch Beschwören zu
Bewegen.

OTTOKAR.
Nein, das tut sie nicht.
JOHANN.
Wie? kennst
Du sie?
OTTOKAR.
Ob ich sie kenne? Glaubst du Tor,
Die Sonne scheine dir allein?
JOHANN.
Wie meinst
Du das – ? Und kennst auch ihren Namen?
OTTOKAR.
Nein,
Beruh'ge dich. Den sagt sie mir sowenig
Wie dir, und droht mit ihrem Zorne, wenn
Wir unbescheiden ihn erforschen sollten.
Drum laß uns tun, wie sie es will. Es sollen
Geheimnisse der Engel Menschen nicht
Ergründen. Laß – ja laß uns lieber, wie
Wir es mit Engeln tun, sie taufen. Möge
Die Ähnliche der Mutter Gottes auch
Maria heißen – uns nur, du verstehst;
Und nennst du im Gespräch mir diesen Namen,
So weiß ich, wen du meinst. Ich habe lange
Mir einen solchen Freund gewünscht. Es sind
So wenig Seelen in dem Hause, die
Wie deine, zartbesaitet,
Vom Atem tönen.
Und weil uns nun der Schwur der Rache fort
Ins wilde Kriegsgetümmel treibt, so laß
Uns brüderlich zusammenhalten; kämpfe
Du stets an meiner Seite.
JOHANN.
– Gegen wen?
OTTOKAR.
Das fragst du hier an dieser Leiche? Gegen
Sylvesters frevelhaftes Haus.

JOHANN.
  O Gott,
  Laß ihn die Engellästrung nicht entgelten!
OTTOKAR.
  Was? Bist du rasend?
JOHANN.
  Ottokar – Ich muß
  Ein schreckliches Bekenntnis dir vollenden –
  Es muß heraus aus dieser Brust – denn gleich
  Den Geistern ohne Rast und Ruhe, die
  Kein Sarg, kein Riegel, kein Gewölbe bändigt,
  So mein Geheimnis. –
OTTOKAR.
  Du erschreckst mich, rede!
JOHANN.
  Nur dir, nur dir darf ich's vertraun – Denn hier
  Auf dieser Burg – mir kommt es vor, ich sei
  In einem Götzentempel, sei, ein Christ,
  Umringt von Wilden, die mit gräßlichen
  Gebärden mich, den Haaresträubenden,
  Zu ihrem blut'gen Fratzenbilde reißen –
  – Du hast ein menschliches Gesicht, zu dir,
  Wie zu dem Weißen unter Mohren, wende
  Ich mich – Denn niemand, bei Gefahr des Lebens,
  Darf außer dir des Gottes Namen wissen,
  Der mich entzückt. –
OTTOKAR.
  O Gott! – Doch meine Ahndung?
JOHANN.
  Sie ist es.
OTTOKAR *erschrocken.*
  Wer?
JOHANN.
  Du hast's geahndet.
OTTOKAR.
  Was
  Hab ich geahndet? Sagt ich denn ein Wort?
  Kann ein Vermuten denn nicht trügen? Mienen

Sind schlechte Rätsel, die auf vieles passen,
Und übereilt hast du die Auflösung.
Nicht wahr, das Mädchen, dessen Schleier hier,
Ist Agnes nicht, nicht Agnes Schroffenstein?
JOHANN.
Ich sag dir ja, sie ist es.
OTTOKAR.
O mein Gott!
JOHANN.
Als sie auf den Bericht, ich sei aus Rossitz,
Schnell fortging, folgt ich ihr von weitem
Bis Warwand fast, wo mir's ein Mann nicht einmal,
Nein zehenmal bekräftigte.
OTTOKAR.
O laß
An deiner Brust mich ruhn, mein lieber Freund.

Er lehnt sich auf Johannes Schulter.
Jeronimus tritt auf.

JERONIMUS.
Ich soll
Mich sinngeändert vor dir zeigen, soll
Die schlechte Meinung dir benehmen, dir,
Wenn's möglich, eine beßre abgewinnen,
– Gott weiß, das ist ein peinliches Geschäft.
Laß gut sein, Ottokar. Du kannst mir's glauben,
Ich wußte nichts von allem, was geschehn.

Pause; da Ottokar nicht aufsieht.

Wenn du's nicht glaubst, ei nun, so laß es bleiben.
Ich hab nicht Lust mich vor dir weiß zu brennen.
Kannst du's verschmerzen, so mich zu verkennen,
Bei Gott so kann ich das verschmerzen.
OTTOKAR *zerstreut.*
Wie sagst du, Jeronimus?
JERONIMUS.
Ich weiß, was dich so zäh macht in dem Argwohn.
's ist wahr, und niemals werd ich's leugnen, ja,

Ich hatt das Mädel mir zum Weib erkoren.
Doch eh ich je mit Mördern mich verschwägre,
Zerbreche mir die Henkershand das Wappen.
OTTOKAR *fällt Jeronimus plötzlich um den Hals.*
JERONIMUS.
Was ist dir, Ottokar? Was hat so plötzlich
Dich und so tief bewegt?
OTTOKAR.
Gib deine Hand,
Verziehn sei alles.
JERONIMUS.
– Tränen? Warum Tränen?
OTTOKAR.
Laß mich, ich muß hinaus ins Freie.

Ottokar schnell ab; die andern folgen.

Zweite Szene

Warwand. Ein Zimmer im Schlosse.
Agnes führt Sylvius in einen Sessel.

SYLVIUS.
Agnes, wo ist Philipp?
AGNES.
Du lieber Gott, ich sag's dir alle Tage,
Und schrieb's dir auf ein Blatt, wärst du nicht blind.
Komm her, ich schreib's dir in die Hand.
SYLVIUS.
Hilft das?
AGNES.
Es hilft, glaub mir's.
SYLVIUS.
Ach, es hilft nicht.
AGNES.
Ich meine,
Vor dem Vergessen.

SYLVIUS.
　Ich, vor dem Erinnern.
AGNES.
　Guter Vater.
SYLVIUS.
　Liebe Agnes.
AGNES.
　Fühl mir einmal die Wange an.
SYLVIUS.
　Du weinst?
AGNES.
　Ich weiß es wohl, daß mich der Pater schilt,
　Doch glaub ich, er versteht es nicht. Denn sieh,
　Wie ich muß lachen, eh ich will, wenn einer
　Sich lächerlich bezeigt, so muß ich weinen,
　Wenn einer stirbt.
SYLVIUS.
　Warum denn, meint der Pater,
　Sollst du nicht weinen?
AGNES.
　Ihm sei wohl, sagt er.
SYLVIUS.
　Glaubst du's?
AGNES.
　Der Pater freilich soll's verstehn,
　Doch glaub ich fast, er sagt's nicht, wie er's denkt.
　Denn hier war Philipp gern, wie sollt er nicht?
　Wir liebten ihn, es war bei uns ihm wohl;
　Nun haben sie ihn in das Grab gelegt –
　Ach, es ist gräßlich. – Zwar der Pater sagt,
　Er sei nicht in dem Grabe. – Nein, daß ich's
　Recht sag, er sei zwar in dem Grabe – Ach,
　Ich kann's dir nicht so wiederbeichten. Kurz,
　Ich seh es, wo er ist, am Hügel. Denn
　Woher, der Hügel?
SYLVIUS.
　Wahr! Sehr wahr!
　– Agnes, der Pater hat doch recht. Ich glaub's

Mit Zuversicht.
AGNES.
Mit Zuversicht? Das ist
Doch seltsam. Ja, da möcht es freilich doch
Wohl anders sein, wohl anders. Denn woher
Die Zuversicht?
SYLVIUS.
Wie willst du's halten, Agnes?
AGNES.
Wie meinst du das?
SYLVIUS.
Ich meine, wie du's gläubest?
AGNES.
Ich will's erst lernen, Vater.
SYLVIUS.
Wie? Du bist
Nicht eingesegnet? Sprich, wie alt denn bist du?
AGNES.
Bald funfzehn.
SYLVIUS.
Sieh, da könnte ja ein Ritter
Bereits dich vor den Altar führen.
AGNES.
Meinst du?
SYLVIUS.
Das möchtest du doch wohl?
AGNES.
Das sag ich nicht.
SYLVIUS.
Kannst auch die Antwort sparen. Sag's der Mutter,
Sie soll den Beicht'ger zu dir schicken.
AGNES.
Horch!
Da kommt die Mutter.
SYLVIUS.
Sag's ihr gleich.
AGNES.
Nein, lieber

Sag du es ihr, sie möchte ungleich von
Mir denken.
SYLVIUS.
Agnes, führe meine Hand
Zu deiner Wange.
AGNES *ausweichend.*
Was soll das?

Gertrude tritt auf.

SYLVIUS.
Gertrude, hier das Mädel klagt dich an,
Es rechne ihr das Herz das Alter vor,
Ihr blühend Leben sei der Reife nah
Und knüpft' ihn einer nur, so würde, meint sie,
Ihr üppig Haupthaar einen Brautkranz fesseln –
Du aber hättst ihr noch die Einsegnung,
Den Ritterschlag der Weiber, vorenthalten.
GERTRUDE.
Hat dir Jerome das gelehrt?
SYLVIUS.
Gertrude,
Sprich, ist sie rot?
GERTRUDE.
Ei nun, ich will's dem Vater sagen.
Gedulde dich bis morgen, willst du das?

Agnes küßt die Hand ihrer Mutter.

Hier, Agnes, ist die Schachtel mit dem Spielzeug.
Was wolltest du damit?
AGNES.
Den Gärtnerkindern,
Den hinterlaßnen Freunden Philipps schenk
Ich sie.
SYLVIUS.
Die Reuter Philipps? Gib sie her.

Er macht die Schachtel auf.

Sieh, wenn ich diese Puppen halt, ist mir's,
Als säße Philipp an dem Tisch. Denn hier
Stellt' er sie auf, und führte Krieg, und sagte
Mir an, wie's abgelaufen.
AGNES.
Diese Reuter,
Sprach er, sind wir, und dieses Fußvolk ist
Aus Rossitz.
SYLVIUS.
Nein, du sagst nicht recht. Das Fußvolk
War nicht aus Rossitz, sondern war der Feind.
AGNES.
Ganz recht, so mein ich es, der Feind aus Rossitz.
SYLVIUS.
Ei nicht doch, Agnes, nicht doch. Denn wer sagt dir,
Daß die aus Rossitz unsre Feinde sind?
AGNES.
Was weiß ich. Alle sagen's.
SYLVIUS.
Sag's nicht nach.
Sie sind uns ja die nahverwandten Freunde.
AGNES.
Wie du nur sprichst! Sie haben dir den Enkel,
Den Bruder mir vergiftet, und das sollen
Nicht Feinde sein!
SYLVIUS.
Vergiftet! Unsern Philipp!
GERTRUDE.
Ei Agnes, immer trägt die Jugend das Geheimnis
Im Herzen, wie den Vogel in der Hand.
AGNES.
Geheimnis! Allen Kindern in dem Schlosse
Ist es bekannt! Hast du, du selber es
Nicht öffentlich gesagt?
GERTRUDE.
Gesagt? Und öffentlich?
Was hätt ich öffentlich gesagt? Dir hab
Ich heimlich anvertraut, es könnte sein,

Wär möglich, hab den Anschein fast –
SYLVIUS.
Gertrude,
Du tust nicht gut daran, daß du das sagst.
GERTRUDE.
Du hörst ja, ich behaupte nichts, will keinen
Der Tat beschuld'gen, will von allem schweigen.
SYLVIUS.
Der Möglichkeit doch schuldigst du sie an.
GERTRUDE.
Nun, das soll keiner mir bestreiten. – Denn
So schnell dahinzusterben, heute noch
In Lebensfülle, in dem Sarge morgen.
– Warum denn hätten sie vor sieben Jahren,
Als mir die Tochter starb, sich nicht erkundigt?
War das ein Eifer nicht! Die Nachricht bloß
Der Krankheit konnte kaum in Rossitz sein,
Da flog ein Bote schon herüber, fragte
Mit wildverstörter Hast im Hause, ob
Der Junker krank sei? – Freilich wohl man weiß,
Was so besorgt sie macht', der Erbvertrag,
Den wir schon immer, sie nie lösen wollten.
Und nun die bösen Flecken noch am Leibe,
Der schnelle Übergang in Fäulnis – Still!
Doch still! Der Vater kommt. Er hat mir's streng
Verboten, von dem Gegenstand zu reden.

Sylvester und der Gärtner treten auf.

SYLVESTER.
Kann dir nicht helfen, Meister Hans. Geb zu,
Daß deine Rüben süß wie Zucker sind. –
GÄRTNER.
Wie Feigen, Herr.
SYLVESTER.
Hilft nichts. Reiß aus, reiß aus –
GÄRTNER.
Ein Gärtner, Herr, bepflanzt zehn Felder lieber
Mit Buchsbaum, eh er einen Kohlstrunk ausreißt.

SYLVESTER.
>   Du bist ein Narr. Ausreißen ist ein froh Geschäft,
>   Geschieht's um etwas Besseres zu pflanzen.
>   Denk dir das junge Volk von Bäumen, die,
>   Wenn wir vorbeigehn, wie die Kinder tanzen,
>   Und uns mit ihren Blütenaugen ansehn.
>   Es wird dich freuen, Hans, du kannst's mir glauben.
>   Du wirst sie hegen, pflegen, wirst sie wie
>   Milchbrüder deiner Kinder lieben, die
>   Mit ihnen Leben ziehn aus deinem Fleiße.
>   Zusammen wachsen wirst du sie, zusammen
>   Sie blühen sehn, und wenn dein Mädel dir
>   Den ersten Enkel bringt, gib acht, so füllen
>   Zum Brechen unsre Speicher sich mit Obst.

GÄRTNER.
>   Herr, werden wir's erleben?

SYLVESTER.
>   Ei, wenn nicht wir,
>   Doch unsre Kinder.

GÄRTNER.
>   Deine Kinder? Herr,
>   Ich möchte lieber eine Eichenpflanzung
>   Großziehen, als dein Fräulein.

SYLVESTER.
>   Wie meinst du das?

GÄRTNER.
>   Denn wenn sie der Nordostwind nur nicht stürzt,
>   So sollt mir mit dem Beile keiner nahn,
>   Wie Junker Philipp'n.

SYLVESTER.
>   Schweig! Ich kann das alberne
>   Geschwätz im Haus nicht leiden.

GÄRTNER.
>   Nun, ich pflanz
>   Die Bäume. Aber eßt Ihr nicht die Früchte,
>   Der Teufel hol mich, schick ich sie nach Rossitz.

Gärtner ab; Agnes verbirgt ihr Gesicht an der Brust ihrer Mutter.

SYLVESTER.
    Was ist das? Ich erstaune – O daran ist,
    Beim Himmel! niemand schuld als du, Gertrude!
    Das Mißtraun ist die schwarze Sucht der Seele,
    Und alles, auch das Schuldlos-Reine, zieht
    Fürs kranke Aug die Tracht der Hölle an.
    Das Nichtsbedeutende, Gemeine, ganz
    Alltägliche, spitzfündig, wie zerstreute
    Zwirnfäden, wird's zu einem Bild geknüpft,
    Das uns mit gräßlichen Gestalten schreckt.
    Gertrude, o das ist sehr schlimm. –
GERTRUDE.
    Mein teurer
    Gemahl! –
SYLVESTER.
    Hättst du nicht wenigstens das Licht,
    Das, wie du vorgibst, dir gezündet ward,
    Verbergen in dem Busen, einen so
    Zweideut'gen Strahl nicht fallen lassen sollen
    Auf diesen Tag, den, hätt er, was du sagst
    Gesehn, ein mitternächtlich Dunkel ewig,
    Wie den Karfreitag, decken müßte.
GERTRUDE.
    Höre
    Mich an. –
SYLVESTER.
    Dem Pöbel, diesem Starmatz – diesem
    Hohlspiegel des Gerüchtes – diesem Käfer
    Die Kohle vorzuwerfen, die er spielend
    Aufs Dach des Nachbars trägt –
GERTRUDE.
    Ihm vorgeworfen?
    O mein Gemahl, die Sache lag so klar
    Vor aller Menschen Augen, daß ein jeder,
    Noch eh man es verbergen konnte, schon
    Von selbst das Rechte griff.
SYLVESTER.
    Was meinst du? Wenn

    Vor achtzehn Jahren, als du schnell nach Rossitz
    Zu deiner Schwester eiltest, bei der ersten
    Geburt ihr beizustehn, die Schwester nun,
    Als sie den neugebornen Knaben tot
    Erblickte, dich beschuldigt hätte, du,
    Du hättest – du verstehst mich – heimlich ihm,
    Verstohlen, während du ihn herztest, küßtest,
    Den Mund verstopft, das Hirn ihm eingedrückt –
GERTRUDE.
    O Gott, mein Gott, ich will ja nichts mehr sagen,
    Will niemand mehr beschuld'gen, will's verschmerzen,
    Wenn sie dies Einz'ge nur, dies Letzte uns nur lassen. –

              Sie umarmt Agnes mit Heftigkeit.

EIN KNAPPE *tritt auf.*
    Es ist ein Ritter, Herr, am Tore.
SYLVESTER.
    Laß ihn ein.
SYLVIUS.
    Ich will aufs Zimmer, Agnes, führe mich.

                Sylvius und Agnes ab.

GERTRUDE.
    Soll ich ihm einen Platz an unserm Tisch
    Bereiten?
SYLVESTER.
    Ja, das magst du tun. Ich will
    Indessen Sorge tragen für sein Pferd.

       *Beide ab; Agnes tritt auf, sieht sich um, schlägt ein Tuch über,
             setzt einen Hut auf, und geht ab.
          Sylvester und Aldöbern treten auf.*

SYLVESTER.
    Aus Rossitz, sagst du?
ALDÖBERN.
    Ritter Aldöbern
    Aus Rossitz. Bin gesandt von meinem Herrn,
    Dem Rupert, Graf von Schroffenstein, an dich,

Sylvester, Grafen Schroffenstein.
SYLVESTER.
Die Sendung
Empfiehlt dich, Aldöbern, denn deines Herrn
Sind deine Freunde. Drum so laß uns schnell
Hinhüpfen über den Gebrauch; verzeih
Daß ich mich setze, setz dich zu mir, und
Erzähle alles, was du weißt, von Rossitz.
Denn wie, wenn an zwei Seegestaden zwei
Verbrüderte Familien wohnen, selten,
Bei Hochzeit nur, bei Taufe, Trauer, oder
Wenn's sonst was Wicht'ges gibt, der Kahn
Herüberschlüpft, und dann der Bote vielfach,
Noch eh er reden kann, befragt wird, was
Geschehn, wie's zuging, und warum nicht anders,
Ja selbst an Dingen, als, wie groß der Älteste,
Wie viele Zähn der Jüngste, ob die Kuh
Gekalbet, und dergleichen, das zur Sache
Doch nicht gehöret, sich erschöpfen muß –
Sieh Freund, so bin ich fast gesonnen, es
Mit dir zu machen. – Nun, beliebt's, so setz dich.
ALDÖBERN.
Herr, kann es stehend abtun.
SYLVESTER.
Ei, du Narr,
Stehn und Erzählen, das gehört zusammen,
Wie Reiten fast und Küssen.
ALDÖBERN.
Meine Rede
Wär fertig, Herr, noch eh ich niedersitze.
SYLVESTER.
Willst du so kurz sein? Ei, das tut mir leid;
Doch wenn's so drängt, ich will's nicht hindern. Rede.
ALDÖBERN.
Mich schickt mein Herr, Graf Rupert Schroffenstein,
Dir wegen des an seinem Sohne Peter
Verübten Mords den Frieden aufzukünden. –

SYLVESTER.
  Mord?
ALDÖBERN.
  Mord.
  Doch soll ich, meint er, nicht so frostig reden,
  Von bloßem Zwist und Streit und Kampf und Krieg,
  Von Sengen, Brennen, Reißen und Verheeren.
  Drum brauch ich lieber seine eignen Worte,
  Die lauten so: Er sei gesonnen, hier
  Auf deiner Burg ein Hochgericht zu bauen;
  Es dürste ihm nach dein und deines Kindes –
  Und deines Kindes Blute – wiederholt' er.
SYLVESTER *steht auf, sieht ihm steif ins Gesicht.*
  Ja so – Nun setz dich, guter Freund. –

Er holt einen Stuhl.

Du bist
Aus Rossitz nicht, nicht wahr? – Nun setz dich. Wie
War schon dein Namen? Setz dich, setz dich. – Nun,
Sag an, ich hab's vergessen, wo, wo bist
Du her?
ALDÖBERN.
  Gebürtig? Herr, aus Oppenheim.
  – Was soll das?
SYLVESTER.
  So, aus Oppenheim – nun also
  Aus Rossitz nicht. Ich wußt es wohl, nun setz dich.

Er geht an die Tür.

Gertrude!

Gertrude tritt auf.

Laß mir doch den Knappen rufen
Von diesem Ritter, hörst du?

Gertrude ab.

Nun, so setz dich
Doch, Alter – Was den Krieg betrifft, das ist

Ein lustig Ding für Ritter; sieh, da bin ich
Auf deiner Seite. –
ALDÖBERN.
Meiner Seite?
SYLVESTER.
Ja,
Was Henker denkst du? Hat dir einer Unrecht,
Beschimpfung, oder sonst was zugefügt,
So sag du's mir, sag's mir, wir wollen's rächen.
ALDÖBERN.
Bist du von Sinnen, oder ist's Verstellung?

Gertrude, der Knappe und ein Diener treten auf.

SYLVESTER.
Sag an, mein Sohn, wer ist dein Herr? Es ist
Mit ihm wohl – nun du weißt schon, was ich meine. –
ALDÖBERN.
Den Teufel bin ich, was du meinst. Denkst du
Mir sei von meiner Mutter so viel Menschen-
Verstand nicht angeboren, als vonnöten,
Um einzusehn, du seist ein Schurke? Frag,
Die Hund auf unserm Hofe, sieh, sie riechen's
Dir an, und nähme einer einen Bissen
Aus deiner Hand, so hänge mich. – Zum Schlusse
So viel noch. Mein Geschäft ist aus. Den Krieg
Hab ich dir Kindesmörder angekündigt.

Will ab.

SYLVESTER *hält ihn.*
Nein halte – Nein, bei Gott du machst mich bange.
Denn deine Rede, wenn sie gleich nicht reich,
Ist doch so wenig arm an Sinn, daß mich's
Entsetzt. – Einer von uns beiden muß
Verrückt sein; bist du's nicht, *ich* könnt es werden.
Die Unze Mutterwitz, die dich vom Tollhaus
Errettet, muß, es kann nicht anders, *mich*
Ins Tollhaus führen. – Sieh, wenn du mir sagtest,
Die Ströme flössen neben ihren Ufern

Bergan, und sammelten auf Felsenspitzen
In Seen sich, so wollt – ich wollt's dir glauben;
Doch sagst du mir, ich hätt ein Kind gemordet,
Des Vetters Kind. –
GERTRUDE.
O großer Gott, wer denn
Beschuldiget dich dieser Untat? Die aus Rossitz,
Die selbst, vor wenig Monden –
SYLVESTER.
Schweig. Nun wenn's
Beliebt, so sag's mir einmal noch. Ist's wahr,
Ist's wirklich wahr? Um eines Mordes willen
Krieg wider mich?
ALDÖBERN.
Soll ich's dir zehenmal
Und wieder zehnmal wiederkäun?
SYLVESTER.
Nun gut.
Franz, sattle mir mein Pferd. – Verzeih mein Freund,
Wer kann das Unbegreifliche begreifen?
– Wo ist mein Helm, mein Schwert? – Denn hören muß
Ich's doch aus seinem Munde, eh ich's glaube.
– Schick zu Jeronimus, er möchte schnell
Nach Warwand kommen. –
ALDÖBERN.
Leb denn wohl.
SYLVESTER.
Nein, warte;
Ich reite mit dir, Freund.
GERTRUDE.
Um Gotteswillen,
In deiner Feinde Macht gibst du dich selbst?
SYLVESTER.
Laß gut sein.
ALDÖBERN.
Wenn du glaubst, sie werden schonend
In Rossitz dich empfangen, irrst du dich.

SYLVESTER *immer beim Anzuge beschäftigt.*
 Tut nichts, tut nichts; allein werd ich erscheinen.
 Ein einzelner tritt frei zu seinen Feinden.
ALDÖBERN.
 Das Mildeste, das dir begegnen mag,
 Ist, daß man an des Kerkers Wand dich fesselt.
SYLVESTER.
 Es ist umsonst. – Ich muß mir Licht verschaffen,
 Und sollt ich's mir auch aus der Hölle holen.
ALDÖBERN.
 Ein Fluch ruht auf dein Haupt, es ist nicht einer
 In Rossitz, dem dein Leben heilig wäre.
SYLVESTER.
 Du schreckst mich nicht. – Mir ist das ihre heilig,
 Und fröhlich kühn wag ich mein einzelnes.
 Nun fort!

   Zu Gertrude.

Ich kehre unverletzt zurück,
So wahr der Gottheit selbst die Unschuld heilig.

   Wie sie abgehen wollen, tritt Jeronimus auf.

JERONIMUS.
 Wohin?
SYLVESTER.
 Gut, daß du kommst. Ich bitte dich,
 Bleib bei den Weibern, bis ich wiederkehre.
JERONIMUS.
 Wo willst du hin?
SYLVESTER.
 Nach Rossitz.
JERONIMUS.
 Lieferst du
 Wie ein bekehrter Sünder selbst dich aus?
SYLVESTER.
 Was für ein Wort – ?
JERONIMUS.
 Ei nun, ein schlechtes Leben

Ist kaum der Mühe wert, es zu verlängern.
Drum geh nur hin, und leg dein sündig Haupt
In christlicher Ergebung auf den Block.
SYLVESTER.
Glaubst du, daß ich, wenn eine Schuld mich drückte,
Das Haupt dem Recht der Rache weigern würde?
JERONIMUS.
O du Quacksalber der Natur! Denkst du,
Ich werde dein verfälschtes Herz auf Treu
Und Glauben zweimal als ein echtes kaufen?
Bin ich ein blindes Glied denn aus dem Volke,
Daß du mit deinem Ausruf an der Ecke
Mich äffen willst, und wieder äffen willst?
– Doch nicht so vielen Atem bist du wert,
Als nur dies einz'ge Wort mir kostet: Schurke!
Ich will dich meiden, das ist wohl das Beste.
Denn hier in deiner Nähe stinkt es, wie
Bei Mördern.

Sylvester fällt in Ohnmacht.

GERTRUDE.
Hülfe! Kommt zu Hülfe! Hülfe!

Der Vorhang fällt.

Zweiter Aufzug

Erste Szene

Gegend im Gebirge. Im Vordergrunde eine Höhle. Agnes sitzt an der Erde und knüpft Kränze. Ottokar tritt auf, und betrachtet sie mit Wehmut. Dann wendet er sich mit einer schmerzvollen Bewegung, während welcher Agnes ihn wahrnimmt, welche dann zu knüpfen fortfährt, als hätte sie ihn nicht gesehen.

AGNES.
' s ist doch ein häßliches Geschäft: belauschen;
Und weil ein rein Gemüt es stets verschmäht,
So wird nur dieses grade stets belauscht.
Drum ist das Schlimmste noch, daß es den Lauscher,
Statt ihn zu strafen, lohnt. Denn statt des Bösen,
Das er verdiente zu entdecken, findet
Er wohl sogar ein still Bemühen noch
Für sein Bedürfnis, oder seine Laune.
Da ist, zum Beispiel, heimlich jetzt ein Jüngling
– Wie heißt er doch? Ich kenn ihn wohl. Sein Antlitz
Gleicht einem milden Morgenungewitter,
Sein Aug dem Wetterleuchten auf den Höhn,
Sein Haar den Wolken, welche Blitze bergen,
Sein Nahen ist ein Wehen aus der Ferne,
Sein Reden wie ein Strömen von den Bergen
Und sein Umarmen – Aber still! Was wollt
Ich schon? Ja, dieser Jüngling, wollt ich sagen,
Ist heimlich nun herangeschlichen, plötzlich,
Unangekündigt, wie die Sommersonne,
Will sie ein nächtlich Liebesfest belauschen.
Nun wär mir's recht, er hätte, was er sucht,
Bei mir gefunden, und die Eifersucht,
Der Liebe Jugendstachel hätte, selbst
Sich stumpfend, ihn hinausgejagt ins Feld,
Gleich einem jungen Rosse, das zuletzt

Doch heimkehrt zu dem Stall, der ihn ernährt.
Statt dessen ist kein andrer Nebenbuhler
Jetzt grade um mich, als sein Geist. Und der
Singt mir sein Lied zur Zither vor, wofür
Ich diesen Kranz ihm winde.

Sie sieht sich um.

Fehlt dir was?
OTTOKAR.
Jetzt nichts.
AGNES.
So setz dich nieder, daß ich sehe,
Wie dir der Kranz steht. Ist er hübsch?
OTTOKAR.
Recht hübsch.
AGNES.
Wahrhaftig? Sieh einmal die Finger an.
OTTOKAR.
Sie bluten. –
AGNES.
Das bekam ich, als ich aus den Dornen
Die Blumen pflückte.
OTTOKAR.
Armes Kind.
AGNES.
Ein Weib
Scheut keine Mühe. Stundenlang hab ich
Gesonnen, wie ein jedes einzeln Blümchen
Zu stellen, wie das unscheinbarste selbst
Zu nutzen sei, damit Gestalt und Farbe
Des Ganzen seine Wirkung tue. – Nun
Der Kranz ist ein vollendet Weib. Da, nimm
Ihn hin. Sprich: er gefällt mir; so ist er
Bezahlt.

Sie sieht sich wieder um.

Was fehlt dir denn?

Sie steht auf; Ottokar faßt ihre Hand.

Du bist so seltsam,
So feierlich – bist unbegreiflich mir.
OTTOKAR.
Und mir du.
AGNES.
Liebst du mich, so sprich sogleich
Ein Wort, das mich beruhigt.
OTTOKAR.
Erst sprich du.
Wie hast du's heute wagen können, heute,
Von deinem Vaterhaus dich zu entfernen.
AGNES.
Von meinem Vaterhause? Kennst du's denn?
Hab ich nicht stets gewünscht, du möchtest es
Nicht zu erforschen streben?
OTTOKAR.
O verzeih!
Nicht meine Schuld ist's, daß ich's weiß.
AGNES.
Du weißt's?
OTTOKAR.
Ich weiß es, fürchte nichts! Denn deinem Engel
Kannst du dich sicherer nicht vertraun, als mir.
Nun sage mir, wie konntest du es wagen,
So einsam dies Gebirge zu betreten,
Da doch ein mächt'ger Nachbar all die Deinen
In blut'ger Rachefehd verfolgt?
AGNES.
In Fehde?
In meines Vaters Sälen liegt der Staub
Auf allen Rüstungen, und niemand ist
Uns feindlich, als der Marder höchstens, der
In unsre Hühnerställe bricht.
OTTOKAR.
Wie sagst du?
Ihr wärt in Frieden mit den Nachbarn? Wärt

In Frieden mit euch selbst?
AGNES.
Du hörst es, ja.
OTTOKAR.
O Gott! Ich danke dir mein Leben nur
Um dieser Kunde! – Mädchen! Mädchen! O
Mein Gott, so brauch ich dich ja nicht zu morden!
AGNES.
Morden?
OTTOKAR.
O komm!

Sie setzen sich.

Nun will ich heiter, offen, wahr,
Wie deine Seele mit dir reden. Komm!
Es darf kein Schatten mehr dich decken, nicht
Der mindeste, ganz klar will ich dich sehen.
Dein Innres ist's mir schon, die neugebornen
Gedanken kann ich wie dein Gott erraten.
Dein Zeichen nur, die freundliche Erfindung
Mit einer Silbe das Unendliche
Zu fassen, nur den Namen sage mir.
Dir sag ich meinen gleich, denn nur ein Scherz
War es, dir zu verweigern, was du mir.
Ich hätte deinen längst erforscht, wenn nicht
Sogar dein unverständliches Gebot
Mir heilig. Aber nun frag ich dich selbst.
Nichts Böses bin ich mir bewußt, ich fühle
Du gehst mir über alles Glück der Welt
Und nicht ans Leben bin ich so gebunden,
So gern nicht, und so fest nicht, wie an dich.
Drum will ich, daß du nichts mehr vor mir birgst
Und fordre ernst dein unumschränkt Vertrauen.
AGNES.
Ich kann nicht reden, Ottokar. –
OTTOKAR.
Was ängstigt dich?
Ich will dir jeden falschen Wahn benehmen.

AGNES.
 – Du sprachst von Mord.
OTTOKAR.
 Von Liebe sprach ich nur.
AGNES.
 Von Liebe, hör ich wohl, sprachst du mit mir,
 Doch sage mir, mit wem sprachst du vom Morde?
OTTOKAR.
 Du hörst es ja, es war ein böser Irrtum,
 Den mir ein selbst getäuschter Freund erweckt.

   Johann zeigt sich im Hintergrunde.

AGNES.
 Dort steht ein Mensch, den kenn ich.

   Sie steht auf.

OTTOKAR.
 Kennst du ihn?
AGNES.
 Leb wohl.
OTTOKAR.
 Um Gotteswillen, nein, du irrst dich.
AGNES.
 Ich irre nicht. – Laß mich. – Wollt ihr mich morden?
OTTOKAR.
 Dich morden? – Frei bist du, und willst du gehen,
 Du kannst es unberührt, wohin du willst.
AGNES.
 So leb denn wohl.
OTTOKAR.
 Und kehrst nicht wieder?
AGNES.
 Niemals,
 Wenn du nicht gleich mir deinen Namen sagst.
OTTOKAR.
 Das soll ich jetzt – vor diesem Fremden –
AGNES.
 So

Leb wohl auf ewig.
OTTOKAR.
Maria! Willst du nicht besser von
Mir denken lernen?
AGNES.
Zeigen kann mir jeder
Gleich, wer er ist.
OTTOKAR.
Ich will es heut noch. Kehre wieder.
AGNES.
Soll ich dir traun, wenn du nicht mir?
OTTOKAR.
Tu es
Auf die Gefahr.
AGNES.
Es sei! Und irr ich mich,
Nicht eine Träne kosten soll es mich.

Ab.

OTTOKAR.
Johann, komm her, du siehst, sie ist es wohl,
Es ist kein Zweifel mehr, nicht wahr?
JOHANN.
Es mag
Wie's scheint, dir wohl an keinem Aufschluß mangeln,
Den ich dir geben könnte.
OTTOKAR.
Wie du's nimmst.
Zwei Werte hat ein jeder Mensch; den einen
Lernt man nur kennen aus sich selbst, den andern
Muß man erfragen.
JOHANN.
Hast du nur den Kern,
Die Schale gibt sich dann als eine Zugab.
OTTOKAR.
Ich sage dir, sie weigert mir, wie dir,
Den Namen, und wie dich, so flieht sie mich
Schon bei der Ahndung bloß, ich sei aus Rossitz.

Du sahst es selbst, gleich einem Geist erscheint
Und schwindet sie uns beiden.
JOHANN.
Beiden? Ja.
Doch mit dem Unterschied, daß dir das eine
Talent geworden, ihn zu rufen, mir
Das andre bloß, den Geist zu bannen.
OTTOKAR.
Johann!
JOHANN.
Pah! – Die Schuld liegt an der Spitze meiner Nase
Und etwa noch an meinen Ohrenzipfeln.
Was sonst an mir kann so voll Greuel sein,
Daß es das Blut aus ihren Wangen jagt,
Und, bis aufs Fliehen, jede Kraft ihr nimmt?
OTTOKAR.
Johann, ich kenne dich nicht mehr.
JOHANN.
Ich aber dich.
OTTOKAR.
Ich will im voraus jede Kränkung dir
Vergeben, wenn sie sich nur edel zeigt.
JOHANN.
Nicht übern Preis will ich dir zahlen. – Sprich.
Wenn einer mir vertraut', er wiss' ein Roß,
Das ihm bequem sei, und er kaufen wolle,
Und ich, ich ginge heimlich hin und kauft's
Mir selbst – was meinst du, wäre das wohl edel?
OTTOKAR.
Sehr schief wählst du dein Gleichnis.
JOHANN.
Sage bitter;
Und doch ist's Honig gegen mein Gefühl.
OTTOKAR.
Dein Irrtum ist dir lieb, weil er mich kränkt.
JOHANN.
Kränkt? Ja, das ist mir lieb, und ist's ein Irrtum,
Just darum will ich zähe fest ihn halten.

OTTOKAR.
   Nicht viele Freude wird dir das gewähren,
   Denn still verschmerzen werd ich, was du tust.
JOHANN.
   Da hast du recht. Nichts würd mich mehr verdrießen,
   Als wenn dein Herz wie eine Kröte wär,
   Die ein verwundlos steinern Schild beschützt,
   Denn weiter keine Lust bleibt mir auf Erden,
   Als einer Bremse gleich dich zu verfolgen.
OTTOKAR.
   Du bist weit besser als der Augenblick.
JOHANN.
   Du Tor! Du Tor! Denkst du mich so zu fassen?
   Weil ich mich edel nicht erweise, nicht
   Erweisen will, machst du mir weis, ich sei's,
   Damit die unverdiente Ehre mich
   Bewegen soll, in ihrem Sinn zu handeln?
   Vor deine Füße werf ich deine Achtung. –
OTTOKAR.
   Du willst mich reizen, doch du kannst es nicht;
   Ich weiß, du selbst, du wirst mich morgen rächen.
JOHANN.
   Nein, wahrlich, nein, dafür will ich schon sorgen.
   Denn in die Brust schneid ich mir eine Wunde,
   Die reiz ich stets mit Nadeln, halte stets
   Sie offen, daß es mir recht sinnlich bleibe.
OTTOKAR.
   Es ist nicht möglich, ach, es ist nicht möglich!
   Wie könnte dein Gemüt so häßlich sein,
   Da du doch Agnes, Agnes lieben kannst!
JOHANN.
   Und daran noch erinnerst du mich, o
   Du Ungeheuer!
OTTOKAR.
   Lebe wohl, Johann.
JOHANN.
   Nein, halt! Du denkst, ich habe bloß gespaßt.

OTTOKAR.
Was willst du?
JOHANN.
Gerad heraus. Mein Leben
Und deines sind wie zwei Spinnen in der Schachtel.
Drum zieh!

Er zieht.

OTTOKAR.
Gewiß nicht. Fallen will ich anders
Von deiner Hand nicht, als gemordet.
JOHANN.
Zieh,
Du Memme! Nicht nach deinem Tod, nach meinem,
Nach meinem nur gelüstet's mir.
OTTOKAR *umarmt ihn.*
Johann!
Mein Freund! Ich dich ermorden.
JOHANN *stößt ihn fort.*
Fort, du Schlange!
Nicht stechen will sie, nur mit ihrem Anblick
Mich langsam töten. – Gut.

Er steckt das Schwert ein.

Noch gibt's ein andres Mittel.

Beide von verschiedenen Seiten ab.

Zweite Szene

Warwand. Zimmer im Schlosse. Sylvester auf einem Stuhle, mit Zeichen der Ohnmacht, die nun vorüber. Um ihn herum Jeronimus, Theistiner, Gertrude und ein Diener.

GERTRUDE.
Nun, er erholt sich, Gott sei Dank. –
SYLVESTER.
Gertrude –

GERTRUDE.
 Sylvester, kennst du mich, kennst du mich wieder?
SYLVESTER.
 Mir ist so wohl, wie bei dem Eintritt in
 Ein andres Leben.
GERTRUDE.
 Und an seiner Pforte
 Stehn deine Engel, wir, die Deinen, liebreich
 Dich zu empfangen.
SYLVESTER.
 Sage mir, wie kam
 Ich denn auf diesen Stuhl? Zuletzt, wenn ich
 Nicht irre, stand ich – nicht?
GERTRUDE.
 Du sankest stehend
 In Ohnmacht.
SYLVESTER.
 Ohnmacht? Und warum denn das?
 So sprich doch. – Wie, was ist dir denn? Was ist
 Euch denn?

   Er sieht sich um; lebhaft.

 Fehlt Agnes? Ist sie tot?
GERTRUDE.
 O nein,
 O nein, sie ist in ihrem Garten.
SYLVESTER.
 Nun,
 Wovon seid ihr denn alle so besessen?
 Gertrude sprich. – Sprich du, Theistiner. – Seid
 Ihr stumm, Theistin, Jero – – Jeronimus!
 Ja so – ganz recht – nun weiß ich. –
GERTRUDE.
 Komm ins Bette,
 Sylvester, dort will ich's dir schon erzählen.
SYLVESTER.
 Ins Bett? O pfui! bin ich denn – sage mir,
 Bin ich in Ohnmacht wirklich denn gefallen?

GERTRUDE.
 Du weißt ja, wie du sagst, sogar warum?
SYLVESTER.
 Wüßt ich's? O pfui! O pfui! Ein Geist ist doch
 Ein elend Ding.
GERTRUDE.
 Komm nur ins Bett, Sylvester,
 Dein Leib bedarf der Ruhe.
SYLVESTER.
 Ja, 's ist wahr,
 Mein Leib ist doch an allem schuld.
GERTRUDE.
 So komm.
SYLVESTER.
 Meinst du, es wäre nötig?
GERTRUDE.
 Ja, durchaus
 Mußt du ins Bette.
SYLVESTER.
 Dein Bemühen
 Beschämt mich. Gönne mir zwei Augenblicke,
 So mach ich alles wieder gut, und stelle
 Von selbst mich her.
GERTRUDE.
 Zum mindsten nimm die Tropfen
 Aus dem Tirolerfläschchen, das du selbst
 Stets als ein heilsam Mittel mir gepriesen.
SYLVESTER.
 An eigne Kraft glaubt doch kein Weib, und traut
 Stets einer Salbe mehr zu als der Seele.
GERTRUDE.
 Es wird dich stärken, glaube mir. –
SYLVESTER.
 Dazu
 Braucht's nichts als mein Bewußtsein.

Er steht auf.

Was mich freut,
Ist, daß der Geist doch mehr ist, als ich glaubte,
Denn flieht er gleich auf einen Augenblick,
An seinen Urquell geht er nur, zu Gott,
Und mit Heroenkraft kehrt er zurück.
Theistiner! 's ist wohl viele Zeit nicht zu
Verlieren. – Gertrud! Weiß er's?
GERTRUDE.
Ja.
SYLVESTER.
Du weißt's? Nun, sprich,
Was meinst du, 's ist doch wohl ein Bubenstück?
's ist wohl kein Zweifel mehr, nicht wahr?
THEISTINER.
In Warwand
Ist keiner, der's bezweifelt, ist fast keiner,
Der's, außer dir, nicht hätt vorhergesehen,
Wie's enden müsse, sei es früh, sei's spät.
SYLVESTER.
Vorhergesehen? Nein, das hab ich nicht.
Bezweifelt? Nein, das tu ich auch nicht mehr.
– Und also ist's den Leuten schon bekannt?
THEISTINER.
So wohl, daß sie das Haupt sogar besitzen,
Das dir die Nachricht her aus Rossitz brachte.
SYLVESTER.
Wie meinst du das? Der Herold wär noch hier?
THEISTINER.
Gesteinigt, ja.
SYLVESTER.
Gesteiniget?
THEISTINER.
Das Volk
War nicht zu bändigen. Sein Haupt ist zwischen
Den Eulen an den Torweg festgenagelt.
SYLVESTER.
Unrecht ist's,
Theistin, mit deinem Haupt hättst du das seine,

Das heilige, des Herolds, schützen sollen.
THEISTINER.
Mit Unrecht tadelst du mich, Herr, ich war
Ein Zeuge nicht der Tat, wie du wohl glaubst.
Zu seinem Leichnam kam ich – diesen hier,
Jeronimus, war's just noch Zeit zu retten.
SYLVESTER.
– Ei nun, sie mögen's niederschlucken. Das
Geschehne muß stets gut sein, wie es kann.
Ganz rein, seh ich wohl ein, kann's fast nicht abgehn,
Denn wer das Schmutz'ge anfaßt, den besudelt's.
Auch, find ich, ist der Geist von dieser Untat
Doch etwas wert, und kann zu mehr noch dienen.
Wir wollen's nützen. Reite schnell ins Land,
Die sämtlichen Vasallen biete auf,
Sogleich sich in Person bei mir zu stellen,
Indessen will ich selbst von Männern, was
Hier in der Burg ist, sammeln, Reden braucht's
Nicht viel, ich stell mein graues Haupt zur Schau,
Und jedes Haar muß einen Helden werben.
Das soll den ersten Bubenanfall hemmen,
Dann, sind wir stärker, wenden wir das Blatt,
In seiner Höhle suchen wir den Wolf,
Es kann nicht fehlen, glaube mir's, es geht
Für alles ja, was heilig ist und hehr,
Für Tugend, Ehre, Weib und Kind und Leben.
THEISTINER.
So geh ich, Herr, noch heut vor Abend sind
Die sämtlichen Vasallen hier versammelt.
SYLVESTER.
's ist gut.

Theistiner ab.

Franziskus, rufe mir den Burgvogt.
– Noch eins. Die beiden Waffenschmiede bringe
Gleich mit.

Der Diener ab.
Zu Jeronimus.

Dir ist ein Unglimpf widerfahren,
Jeronimus, das tut mir leid. Du weißt ich war
Im eigentlichsten Sinn nicht gegenwärtig.
Die Leute sind mir gut, du siehst's, es war
Ein mißverstandner Eifer bloß der Treue.
Drum mußt du's ihnen schon verzeihn. Fürs Künft'ge
Versprech ich, will ich sorgen. Willst du fort
Nach Rossitz, kannst du's gleich, ich gebe dir
Zehn Reis'ge zur Begleitung mit.
Ich kann's
Nicht leugnen fast, daß mir der Unfall lieb,
Versteh mich, bloß weil er dich hier verweilte,
Denn sehr unwürdig hab ich mich gezeigt,
– Nein, sage nichts. Ich weiß das. Freilich mag
Wohl mancher sinken, weil er stark ist. Denn
Die kranke abgestorbne Eiche steht
Dem Sturm, doch die gesunde stürzt er nieder,
Weil er in ihre Krone greifen kann.
– Nicht jeden Schlag ertragen soll der Mensch,
Und welchen Gott faßt, denk ich, der darf sinken,
– Auch seufzen. Denn der Gleichmut ist die Tugend
Nur der Athleten. Wir, wir Menschen fallen
Ja nicht für Geld, auch nicht zur Schau. – Doch sollen
Wir stets des Anschauns würdig aufstehn.
Nun
Ich halte dich nicht länger. Geh nach Rossitz
Zu deinen Freunden, die du dir gewählt.
Denn hier in Warwand, wie du selbst gefunden,
Bist du seit heute nicht mehr gern gesehn.

JERONIMUS.
– Hast recht, hast recht – bin's nicht viel besser wert,
Als daß du mir die Türe zeigst. – Bin ich
Ein Schuft in meinen Augen doch, um wie
Viel mehr in deinen. – Zwar ein Schuft, wie du
Es meinst, der bin ich nicht. – Doch kurz und gut

Glaubt was ihr wollt. Ich kann mich nicht entschuld'gen,
Mir lähmt's die Zung, die Worte wollen, wie
Verschlagne Kinder, nicht ans Licht. – Ich gehe, 135
Nur soviel sag ich dir, ich gehe nicht
Nach Rossitz, hörst du? Und noch eins. Wenn du
Mich brauchen kannst, so sag's, ich laß mein Leben
Für dich, hörst du, mein Leben.

Ab.

GERTRUDE.
Hör, Jerome!
– Da geht er hin. – Warum riefst du ihm nicht?
SYLVESTER.
Verstehst du was davon, so sag es mir.
Mir ist's noch immer wie ein Traum.
GERTRUDE.
Ei nun,
Er war gewonnen von den Rossitzschen.
Denn in dem ganzen Gau ist wohl kein Ritter,
Den sie, wenn's ging, uns auf den Hals nicht hetzten.
SYLVESTER.
Allein Jeronimus! – Ja, wär's ein andrer,
So wollt ich's glauben, doch Jeronimus!
's ist doch so leicht nicht, in dem Augenblick
Das Werk der Jahre, Achtung, zu zerstören.
GERTRUDE.
O 's ist ein teuflischer Betrug, der mich,
Ja dich mißtrauisch hätte machen können.
SYLVESTER.
Mich selbst? Mißtrauisch gegen mich? Nun laß
Doch hören.
GERTRUDE.
Ruperts jüngster Sohn ist wirklich
Von deinen Leuten im Gebirg erschlagen.
SYLVESTER.
Von meinen Leuten?
GERTRUDE.
O das ist bei weitem

Das Schlimmste nicht. Der eine hat's sogar
Gestanden, du hättst ihn zu Mord gedungen.
SYLVESTER.
Gestanden hätt er das?
GERTRUDE.
Ja, auf der Folter,
Und ist zwei Augenblicke drauf verschieden.
SYLVESTER.
Verschieden? – Und gestanden? – Und im Tode,
Wär auch das Leben voll Abscheulichkeit,
Im Tode ist der Mensch kein Sünder. – Wer
Hat's denn gehört, daß er's gestanden?
GERTRUDE.
Ganz Rossitz. Unter Volkes Augen, auf
Dem öffentlichen Markt ward er gefoltert.
SYLVESTER.
Und wer hat dir das mitgeteilt?
GERTRUDE.
Jerome,
Er hat sich bei dem Volke selbst erkundigt.
SYLVESTER.
– Nein, das ist kein Betrug, *kann* keiner sein.
GERTRUDE.
Um Gotteswillen, was denn sonst?
SYLVESTER.
Bin ich
Denn Gott, daß du *mich* frägst?
GERTRUDE.
Ist's keiner, so
O Himmel! fällt ja der Verdacht auf uns.
SYLVESTER.
Ja, allerdings fällt er auf uns.
GERTRUDE.
Und wir,
Wir müßten uns dann reinigen?
SYLVESTER.
Kein Zweifel,
Wir müssen es, nicht sie.

GERTRUDE.
 O du mein Heiland,
 Wie ist das möglich?
SYLVESTER.
 Möglich? Ja, das wär's,
 Wenn ich nur Rupert sprechen könnte.
GERTRUDE.
 Wie?
 Das könntest du dich jetzt getraun, da ihn
 Des Herolds Tod noch mehr erbittert hat.
SYLVESTER.
 's ist freilich jetzt weit schlimmer. – Doch es ist
 Das einz'ge Mittel, das ergreift sich leicht.
 – Ja recht, so geht's. – Wo mag Jerome sein?
 Ob er noch hier? Der mag mich zu ihm führen.
GERTRUDE.
 O mein Gemahl, o folge meinem Rate. –
SYLVESTER.
 Gertrude. – Laß mich – das verstehst du nicht.

Beide ab.

Dritte Szene

Platz vor den Toren von Warwand.

AGNES *tritt in Hast auf.*
 Zu Hülfe! Zu Hülfe!
JOHANN *ergreift sie.*
 So höre mich doch, Mädchen!
 Es folgt dir ja kein Feind, ich liebe dich,
 Ach, lieben! Ich vergöttre dich!
AGNES.
 Fort, Ungeheuer, bist du nicht aus Rossitz?
JOHANN.
 Wie kann ich furchtbar sein? Sieh mich doch an,
 Ich zittre selbst vor Wollust und vor Schmerz
 Mit meinen Armen dich, mein ganzes Maß

Von Glück und Jammer zu umschließen.
AGNES.
Was willst du, Rasender, von mir?
JOHANN.
Nichts weiter.
Mir bist du tot, und einer Leiche gleich,
Mit kaltem Schauer drück ich dich ans Herz.
AGNES.
Schützt mich, ihr Himmlischen, vor seiner Wut!
JOHANN.
Sieh, Mädchen, morgen lieg ich in dem Grabe,
Ein Jüngling, ich – nicht wahr das tut dir weh?
Nun, einem Sterbenden schlägst du nichts ab,
Den Abschiedskuß gib mir.

Er küßt sie.

AGNES.
Errettet mich,
Ihr Heiligen!
JOHANN.
– Ja, rette du mich, Heil'ge!
Es hat das Leben mich wie eine Schlange,
Mit Gliedern, zahnlos, ekelhaft, umwunden.
Es schauert mich, es zu berühren. – Da,
Nimm diesen Dolch. –
AGNES.
Zu Hülfe! Mörder! Hülfe!
JOHANN *streng.*
Nimm diesen Dolch, sag ich. – Hast du nicht einen
Mir schon ins Herz gedrückt?
AGNES.
Entsetzlicher!

Sie sinkt besinnungslos zusammen.

JOHANN *sanft.*
Nimm diesen Dolch, Geliebte – Denn mit Wollust,
Wie deinem Kusse sich die Lippe reicht,
Reich ich die Brust dem Stoß von deiner Hand.

JERONIMUS *tritt mit Reisigen aus dem Tore.*
  Hier war das Angstgeschrei – – Unglücklicher!
  Welch eine Tat – Sie ist verwundet – Teufel!
  Mit deinem Leben sollst du's büßen.

  Er verwundet Johann; der fällt. Jeronimus faßt Agnes auf.

  Agnes! Agnes!
  Ich sehe keine Wunde. – Lebst du, Agnes?

  Sylvester und Gertrude treten aus dem Tore.

SYLVESTER.
  Es war Jeronimus' Entsetzensstimme,
  Nicht Agnes. – – O mein Gott!

  Er wendet sich schmerzvoll.

GERTRUDE.
  O meine Tochter,
  Mein einzig Kind, mein letztes. –
JERONIMUS.
  Schafft nur Hülfe,
  Ermordet ist sie nicht.
GERTRUDE.
  Sie rührt sich – horch?
  Sie atmet – ja sie lebt, sie lebt!
SYLVESTER.
  Lebt sie?
  Und unverwundet?
JERONIMUS.
  Eben war's noch Zeit,
  Er zückte schon den Dolch auf sie, da hieb
  Ich den Unwürd'gen nieder.
GERTRUDE.
  Ist er nicht
  Aus Rossitz?
JERONIMUS.
  Frage nicht, du machst mich schamrot, – ja.
SYLVESTER.
  Gib mir die Hand, Jerome, wir verstehn

Uns.
JERONIMUS.
Wir verstehn uns.
GERTRUDE.
Sie erwacht, o seht,
Sie schlägt die Augen auf, sie sieht mich an. –
AGNES.
Bin ich von dem Entsetzlichen erlöst?
GERTRUDE.
Hier liegt er tot am Boden, fasse dich.
AGNES.
Getötet? Und um mich? Ach, es ist gräßlich. –
GERTRUDE.
Jerome hat den Mörder hingestreckt.
AGNES.
Er folgte mir weit her aus dem Gebirge,
– Mich faßte das Entsetzen gleich, als ich
Von weitem nur ihn in das Auge faßte.
Ich eilte – doch ihn trieb die Mordsucht schneller
Als mich die Angst – und hier ergriff er mich.
SYLVESTER.
Und zückt' er gleich den Dolch? Und sprach er nicht?
Kannst du dich dessen nicht entsinnen mehr?
AGNES.
So kaum – denn vor sein fürchterliches Antlitz
Entflohn mir alle Sinne fast. Er sprach,
– Gott weiß, mir schien's fast, wie im Wahnsinn – sprach
Von Liebe, daß er mich vergöttre – nannte
Bald eine Heil'ge mich, bald eine Leiche.
Dann zog er plötzlich jenen Dolch, und bittend,
Ich möchte, ich, ihn töten, zückt' er ihn
Auf mich. –
SYLVESTER.
Lebt er denn noch? Er scheint verwundet bloß,
Sein Aug ist offen.

Zu den Leuten.

Tragt ihn in das Schloß,
Und ruft den Wundarzt.

Sie tragen ihn fort.

Einer komme wieder
Und bring mir Nachricht.
GERTRUDE.
Aber, meine Tochter,
Wie konntest du so einsam und so weit
Dich ins Gebirge wagen?
AGNES.
Zürne nicht,
Es war mein Lieblingsweg.
GERTRUDE.
Und noch so lange
Dich zu verweilen!
AGNES.
Einen Ritter traf
Ich, der mich aufhielt.
GERTRUDE.
Einen Ritter? Sieh
Wie du in die Gefahr dich wagst! Kann's wohl
Ein andrer sein, fast, als ein Rossitzscher?
AGNES.
– Glaubst du, es sei ein Rossitzscher?
JERONIMUS.
Ich weiß,
Daß Ottokar oft ins Gebirge geht.
AGNES.
Meinst du den – ?
JERONIMUS.
Ruperts ältsten Sohn.
– Kennst du ihn nicht?
AGNES.
Ich hab ihn nie gesehen.
JERONIMUS.
Ich habe sichre Proben doch, daß er
Dich kennt?

AGNES.
　Mich?
GERTRUDE.
　Unsre Agnes? Und woher?
JERONIMUS.
　Wenn ich nicht irre, sah ich einen Schleier,
　Den du zu tragen pflegst, in seiner Hand.
AGNES *verbirgt ihr Haupt an die Brust ihrer Mutter.*
　Ach, Mutter. –
GERTRUDE.
　O um Gotteswillen, Agnes,
　Sei doch auf deiner Hut. – Er kann dich mit
　Dem Apfel, den er dir vom Baume pflückt,
　Vergiften.
JERONIMUS.
　Nun, das möcht ich fast nicht fürchten –
　Vielmehr – Allein wer darf der Schlange traun.
　Er hat beim Nachtmahl ihr den Tod geschworen.
AGNES.
　Mir?
　Den Tod?
JERONIMUS.
　Ich hab es selbst gehört.
GERTRUDE.
　Nun sieh,
　Ich werde wie ein Kind dich hüten müssen.
　Du darfst nicht aus den Mauern dieser Burg,
　Darfst nicht von deiner Mutter Seite gehn.
EIN DIENER *tritt auf.*
　Gestrenger Herr, der Mörder ist nicht tot.
　Der Wundarzt sagt, die Wunde sei nur leicht.
SYLVESTER.
　Ist er sich sein bewußt?
EIN DIENER.
　Herr, es wird keiner klug
　Aus ihm. Denn er spricht ungehobelt Zeug,
　Wild durcheinander, wie im Wahnwitz fast.

JERONIMUS.
Es ist Verstellung offenbar.
SYLVESTER.
Kennst du
Den Menschen?
JERONIMUS.
Weiß nur so viel, daß sein Namen
Johann, und er ein unecht Kind des Rupert,
– Daß er den Ritterdienst in Rossitz lernte,
Und gestern früh das Schwert empfangen hat.
SYLVESTER.
Das Schwert empfangen, gestern erst – und heute
Wahnsinnig – sagtest du nicht auch, er habe
Beim Abendmahl den Racheschwur geleistet?
JERONIMUS.
Wie alle Diener Ruperts, so auch er.
SYLVESTER.
Jeronimus, mir wird ein böser Zweifel
Fast zur Gewißheit, fast. – Ich hätt's entschuldigt,
Daß sie Verdacht auf mich geworfen, daß
Sie Rache mir geschworen, daß sie Fehde
Mir angekündigt – ja hätten sie
Im Krieg mein Haus verbrannt, mein Weib und Kind
Im Krieg erschlagen, noch wollt ich's entschuld'gen.
Doch daß sie mir den Meuchelmörder senden,
– Wenn's so ist –
GERTRUDE.
Ist's denn noch ein Zweifel? Haben
Sie uns nicht selbst die Probe schon gegeben?
SYLVESTER.
Du meinst an Philipp –?
GERTRUDE.
Endlich siehst du's ein!
Du hast mir's nie geglaubt, hast die Vermutung,
Gewißheit, wollt ich sagen, stets ein Deuteln
Der Weiber nur genannt, die, weil sie's einmal
Aus Zufall treffen, nie zu fehlen wähnen.
Nun weißt du's besser. – Nun, ich könnte dir

Wohl mehr noch sagen, das dir nicht geahndet. –
SYLVESTER.
Mehr noch?
GERTRUDE.
Du wirst dich deines Fiebers vor
Zwei Jahren noch erinnern. Als du der
Genesung nahtest, schickte dir Eustache
Ein Fläschchen eingemachten Ananas.
SYLVESTER.
Ganz recht, durch eine Reutersfrau aus Rossitz.
GERTRUDE.
Ich bat dich unter falschem Vorwand, nicht
Von dem Geschenke zu genießen, setzte
Dir selbst ein Fläschchen vor aus eignem Vorrat
Mit eingemachtem Pfirsich – aber du
Bestandst darauf, verschmähtest meine Pfirsich,
Nahmst von der Ananas, und plötzlich folgte
Ein heftiges Erbrechen. –
SYLVESTER.
Das ist seltsam;
Denn ich besinne mich noch eines Umstands –
– Ganz recht. Die Katze war mir übers Fläschchen
Mit Ananas gekommen, und ich ließ
Von Agnes mir den Pfirsich reichen. – Nicht?
Sprich, Agnes.
AGNES.
Ja, so ist es.
SYLVESTER.
Ei, so hätte
Sich seltsam ja das Blatt gewendet. Denn
Die Ananas hat doch der Katze nicht
Geschadet, aber mir dein Pfirsich, den
Du selbst mir zubereitet – ?
GERTRUDE.
– Drehen freilich
Läßt alles sich. –
SYLVESTER.
Meinst du? Nun sieh, das mein

Ich auch, und habe recht, wenn ich auf das,
Was du mir drehst, nicht achte. – Nun, genug.
Ich will mit Ernst, daß du von Philipp schweigst.
Er sei vergiftet oder nicht, er soll
Gestorben sein und weiter nichts. Ich will's.
JERONIMUS.
Du solltst, Sylvester, doch den Augenblick
Der jetzt dir günstig scheinet, nützen. Ist
Der Totschlag Peters ein Betrug, wie es
Fast sein muß, so ist auch Johann darin
Verwebt.
SYLVESTER.
Betrug? Wie wär das möglich?
JERONIMUS.
Ei möglich wär es wohl, daß Ruperts Sohn,
Der doch ermordet sein soll, bloß gestorben,
Und daß, von der Gelegenheit gereizt,
Den Erbvertrag zu seinem Glück zu lenken,
Der Vater es verstanden, deiner Leute,
Die just vielleicht in dem Gebirge waren,
In ihrer Unschuld so sich zu bedienen,
Daß es der Welt erscheint, als hätten wirklich
Sie ihn ermordet – um mit diesem Scheine
Des Rechts sodann den Frieden aufzukünden,
Den Stamm von Warwand auszurotten, dann
Das Erbvermächtnis sich zu nehmen.
SYLVESTER.
– Aber
Du sagtest ja, der eine meiner Leute
Hätt's in dem Tode noch bekannt, er wäre
Von mir gedungen zu dem Mord. –

Stillschweigen.

JERONIMUS.
Der Mann, den ich gesprochen, hatte nur
Von dem Gefolterten ein Wort gehört.
SYLVESTER.
Das war?

JERONIMUS.
　Sylvester.

　　　　　　　　　Stillschweigen.

　Hast du denn die Leute,
　Die sogenannten Mörder nicht vermißt?
　Von ihren Hinterlaßnen müßte sich
　Doch mancherlei erforschen lassen.
SYLVESTER *zu den Leuten.*
　Rufe
　Den Hauptmann einer her!
JERONIMUS.
　Von wem ich doch
　Den meisten Aufschluß hoffe, ist Johann.
SYLVESTER.
　's ist auch kein sichrer.
JERONIMUS.
　Wie? Wenn er es nicht
　Gestehen will, macht man's wie die von Rossitz,
　Und wirft ihn auf die Folter.
SYLVESTER.
　Nun? Und wenn
　Er dann gesteht, daß Rupert ihn gedungen?
JERONIMUS.
　So ist's heraus, so ist's am Tage. –
SYLVESTER.
　So?
　Dann freilich bin ich auch ein Mörder.

　　　　　　　　　Stillschweigen.

JERONIMUS.
　Aus diesem Wirrwarr finde sich ein Pfaffe!
　Ich kann es nicht.
SYLVESTER.
　Ich bin dir wohl ein Rätsel?
　Nicht wahr? Nun tröste dich, Gott ist es mir.
JERONIMUS.
　Sag kurz, was willst du tun?

SYLVESTER.
> Das beste wär
> Noch immer, wenn ich Rupert sprechen könnte.

JERONIMUS.
> – 's ist ein gewagter Schritt. Bei seiner Rede
> Am Sarge Peters schien kein menschliches,
> Kein göttliches Gesetz ihm heilig, das
> Dich schützt.

SYLVESTER.
> Es wäre zu versuchen. Denn
> Es wagt ein Mensch oft den abscheulichen
> Gedanken, der sich vor der Tat entsetzt.

JERONIMUS.
> Er hat dir heut das Beispiel nicht gegeben.

SYLVESTER.
> Auch diese Untat, wenn sie häßlich gleich,
> Doch ist's noch zu verzeihn, Jeronimus.
> Denn schwer war er gereizt. – Auf jeden Fall
> Ist mein Gesuch so unerwarteter;
> Und öfters tut ein Mensch, was man kaum hofft,
> Weil man's kaum hofft.

JERONIMUS.
> Es ist ein blinder Griff,
> Man *kann* es treffen.

SYLVESTER.
> Ich will's wagen. Reite
> Nach Rossitz, fordre sicheres Geleit,
> Ich denke, du hast nichts zu fürchten.

JERONIMUS.
> – Nein;
> Ich will's versuchen.

Ab ins Tor.

SYLVESTER.
> So leb wohl.

GERTRUDE.
> Leb wohl,
> Und kehre bald mit Trost zu uns zurück.

Sylvester, Gertrude und Agnes folgen.

AGNES *hebt im Abgehen den Dolch auf.*
  Es gibt keinen. –
GERTRUDE *erschrocken.*
  Den Dolch – er ist vergiftet, Agnes, kann
  Vergiftet sein. – Wirf gleich, sogleich ihn fort.

Agnes legt ihn nieder.

Du sollst mit deinen Händen nichts ergreifen,
Nichts fassen, nichts berühren, das ich nicht
Mit eignen Händen selbst vorher geprüft.

Alle ab. Der Vorhang fällt.

Dritter Aufzug

Erste Szene

Gegend im Gebirge. Agnes sitzt im Vordergrunde der Höhle in der Stellung der Trauer. Ottokar tritt auf, und stellt sich ungesehen nahe der Höhle. Agnes erblickt ihn, tut einen Schrei, springt auf und will entfliehen.

AGNES *da sie sich gesammelt hat.*
 Du bist's. –
OTTOKAR.
 Vor mir erschrickst du?
AGNES.
 Gott sei Dank.
OTTOKAR.
 Und wie du zitterst. –
AGNES.
 Ach es ist vorüber.
OTTOKAR.
 Ist's wirklich wahr, vor mir wärst du erschrocken?
AGNES.
 Es ist mir selbst ein Rätsel. Denn soeben
 Dacht ich noch dran, und rief den kühnen Mut,
 Die hohe Kraft, die unbezwingliche
 Standhaftigkeit herbei, mir beizustehn
 – Und doch ergriff's mich, wie unvorbereitet,
 – – Nun, ist's vorbei. –
OTTOKAR.
 O Gott des Schicksals! Welch ein schönes,
 Welch ruhiges Gemüt hast du gestört!
AGNES.
 – Du hast mich herbestellt, was willst du?
OTTOKAR.
 Wenn
 Ich's dir nun sage, kannst du mir vertraun,

Maria?
AGNES.
Warum nennst du mich Maria?
OTTOKAR.
Erinnern will ich dich mit diesem Namen
An jenen schönen Tag, wo ich dich taufte.
Ich fand dich schlafend hier in diesem Tale,
Das einer Wiege gleich dich bettete.
Ein schützend Flordach webten dir die Zweige
Es sang der Wasserfall ein Lied, wie Federn
Umwehten dich die Lüfte, eine Göttin
Schien dein zu pflegen. – Da erwachtest du,
Und blicktest wie mein neugebornes Glück
Mich an. – Ich fragte dich nach deinem Namen;
Du seist noch nicht getauft, sprachst du. – Da schöpfte
Ich eine Hand voll Wasser aus dem Quell,
Benetzte dir die Stirn, die Brust, und sprach:
Weil du ein Ebenbild der Mutter Gottes,
Maria tauf ich dich.

Agnes wendet sich bewegt.

Wie war es damals
Ganz anders, so ganz anders. Deine Seele
Lag offen vor mir, wie ein schönes Buch,
Das sanft zuerst den Geist ergreift, dann tief
Ihn rührt, dann unzertrennlich fest ihn hält.
Es zieht des Lebens Forderung den Leser
Zuweilen ab, denn das Gemeine will
Ein Opfer auch; doch immer kehrt er wieder
Zu dem vertrauten Geist zurück, der in
Der Göttersprache ihm die Welt erklärt,
Und kein Geheimnis ihm verbirgt, als das
Geheimnis nur von seiner eignen Schönheit,
Das selbst ergründet werden muß.
Nun bist
Du ein verschloßner Brief. –
AGNES *wendet sich zu ihm.*
Du sagtest gestern,

Du wolltest *mir* etwas vertraun.
OTTOKAR.
Warum
Entflohest du so schleunig?
AGNES.
Das fragst du?
OTTOKAR.
Ich kann es fast erraten – vor dem Jüngling,
Der uns hier überraschte; denn ich weiß,
Du hassest alles, was aus Rossitz ist.
AGNES.
Sie hassen mich.
OTTOKAR.
Ich kann es fast beschwören,
Daß du dich irrst. – Nicht alle wenigstens;
Zum Beispiel für den Jüngling steh ich.
AGNES.
Stehst du. –
OTTOKAR.
Ich weiß, daß er dich heftig liebt. –
AGNES.
Mich liebt. –
OTTOKAR.
Denn er ist mein vertrauter Freund. –
AGNES.
Dein Freund – ?
OTTOKAR.
– Was fehlt dir, Agnes?
AGNES.
Mir wird übel.

Sie setzt sich.

OTTOKAR.
Welch
Ein Zufall – wie kann ich dir helfen?
AGNES.
Laß
Mich einen Augenblick. –

OTTOKAR.
Ich will dir Wasser
Aus jener Quelle schöpfen.

Ab.

AGNES *steht auf.*
Nun ist's gut.
Jetzt bin ich stark. Die Krone sank ins Meer,
Gleich einem nackten Fürsten werf ich ihr
Das Leben nach. Er bringe Wasser, bringe
Mir Gift, gleichviel, ich trink es aus, er soll
Das Ungeheuerste an mir vollenden.

Sie setzt sich.

OTTOKAR *kommt mit Wasser in dem Hute.*
Hier ist der Trunk – fühlst du dich besser?
AGNES.
Stärker
Doch wenigstens.
OTTOKAR.
Nun, trinke doch. Es wird
Dir wohltun.
AGNES.
Wenn's nur nicht zu kühl.
OTTOKAR.
Es scheint
Mir nicht.
AGNES.
Versuch's einmal.
OTTOKAR.
Wozu? Es ist
Nicht viel.
AGNES.
– – Nun, wie du willst, so gib.
OTTOKAR.
Nimm dich
In acht, verschütte nichts.

AGNES.
Ein Tropfen ist
Genug.

Sie trinkt, wobei sie ihn unverwandt ansieht.

OTTOKAR.
Wie schmeckt es dir?
AGNES.
's ist kühl.

Sie schauert.

OTTOKAR.
So trinke
Es aus.
AGNES.
Soll ich's ganz leeren?
OTTOKAR.
Wie du willst,
Es reicht auch hin.
AGNES.
Nun, warte nur ein Weilchen,
Ich tue alles, wie du's willst.
OTTOKAR.
Es ist
So gut, wie Arzenei.
AGNES.
Fürs Elend.
OTTOKAR.
– Wie?
AGNES.
Nun, setz dich zu mir, bis mir besser worden.
Ein Arzt, wie du, dient nicht für Geld, er hat
An der Genesung seine eigne Freude.
OTTOKAR.
Wie meinst du das – für Geld –
AGNES.
Komm, laß uns plaudern,
Vertreibe mir die Zeit, bis ich's vollendet,

Du weißt, es sind Genesende stets schwatzhaft.
OTTOKAR.
– Du scheinst so seltsam mir verändert –
AGNES.
Schon?
Wirkt es so schnell? So muß ich, was ich dir
Zu sagen habe, wohl beschleunigen.
OTTOKAR.
Du mir zu sagen –
AGNES.
Weißt du, wie ich heiße?
OTTOKAR.
Du hast verboten mir, danach zu forschen. –
AGNES.
Das heißt, du weißt es nicht. Meinst du,
Daß ich dir's glaube?
OTTOKAR.
Nun, ich will's nicht leugnen. –
AGNES.
Wahrhaftig? Nun ich weiß auch, wer du bist!
OTTOKAR.
Nun?
AGNES.
Ottokar von Schroffenstein.
OTTOKAR.
Wie hast
Du das erfahren?
AGNES.
Ist gleichviel. Ich weiß noch mehr.
Du hast beim Abendmahle mir den Tod
Geschworen.
OTTOKAR.
Gott! O Gott!
AGNES.
Erschrick doch nicht.
Was macht es aus, ob ich's jetzt weiß? Das Gift
Hab ich getrunken, du bist quitt mit Gott.

OTTOKAR.
Gift?
AGNES.
Hier ist's übrige, ich will es leeren.
OTTOKAR.
Nein, halt! – Es ist genug für dich. Gib mir's,
Ich sterbe mit dir.

Er trinkt.

AGNES.
Ottokar!

Sie fällt ihm um den Hals.

Ottokar!
O wär es Gift, und könnt ich mit dir sterben!
Denn ist es keins, mit dir zu leben, darf
Ich dann nicht hoffen, da ich so unwürdig
An deiner Seele mich vergangen habe.
OTTOKAR.
Willst du's?
AGNES.
Was meinst du?
OTTOKAR.
Mit mir leben?
Fest an mir halten? Dem Gespenst des Mißtrauns,
Das wieder vor mir treten könnte, kühn
Entgegenschreiten? Unabänderlich,
Und wäre der Verdacht auch noch so groß,
Dem Vater nicht, der Mutter nicht so traun,
Als mir?
AGNES.
O Ottokar! Wie sehr beschämst
Du mich.
OTTOKAR.
Willst du's? Kann ich dich ganz mein nennen?
AGNES.
Ganz deine, in der grenzenlosesten
Bedeutung.

OTTOKAR.
Wohl, das steht nun fest, und gilt
Für eine Ewigkeit. Wir werden's brauchen.
Wir haben viel einander zu erklären,
Viel zu vertraun. – Du weißt mein Bruder ist –
Von deinem Vater hingerichtet.
AGNES.
Glaubst du's?
OTTOKAR.
Es gilt kein Zweifel, denk ich, denn die Mörder
Gestanden's selbst.
AGNES.
So mußt du's freilich glauben.
OTTOKAR.
Und nicht auch du?
AGNES.
Mich überzeugt es nicht.
Denn etwas gibt's, das über alles Wähnen,
Und Wissen hoch erhaben – das Gefühl
Ist es der Seelengüte andrer.
OTTOKAR.
Höchstens
Gilt das für dich. Denn nicht wirst du verlangen,
Daß ich mit deinen Augen sehen soll.
AGNES.
Und umgekehrt.
OTTOKAR.
Wirst nicht verlangen, daß
Ich meinem Vater weniger, als du
Dem deinen, traue.
AGNES.
Und so umgekehrt.
OTTOKAR.
O Agnes, ist es möglich? Muß ich dich
So früh schon mahnen? Hast du nicht versprochen,
Mir deiner heimlichsten Gedanken keinen
Zu bergen? Denkst du, daß ich darum dich
Entgelten lassen werde, was dein Haus

Verbrach? Bist du dein Vater denn?
AGNES.
　So wenig,
　Wie du der deinige – sonst würd ich dich
　In Ewigkeit wohl lieben nicht.
OTTOKAR.
　Mein Vater?
　Was hat mein Vater denn verbrochen? Daß
　Die Untat ihn empört, daß er den Tätern
　Die Fehde angekündigt, ist's zu tadeln?
　Mußt er's nicht fast?
AGNES.
　Ich will's nicht untersuchen.
　Er war gereizt, 's ist wahr. Doch daß er uns
　Das Gleiche, wie er meint, mit Gleichem gilt,
　Und uns den Meuchelmörder schickt, das ist
　Nicht groß, nicht edel.
OTTOKAR.
　Meuchelmörder? Agnes!
AGNES.
　Nun das ist, Gott sei Dank, nicht zu bezweifeln,
　Denn ich erfuhr es selbst an meinem Leibe.
　Er zückte schon den Dolch, da hieb Jerome
　Ihn nieder – und er liegt nun krank in Warwand.
OTTOKAR.
　Wer tat das?
AGNES.
　Nun, ich kann dir jetzt ein Beispiel
　Doch geben, wie ich innig dir vertraue.
　Der Mörder ist dein Freund.
OTTOKAR.
　Mein Freund?
AGNES.
　Du nanntest
　Ihn selbst so, und das war es, was vorher
　Mich irrte.
OTTOKAR.
　's ist wohl möglich nicht – Johann?

AGNES.
   Derselbe,
   Der uns auf diesem Platze überraschte.
OTTOKAR.
   O Gott, das ist ein Irrtum – sieh, das weiß,
   Das weiß ich.
AGNES.
   Ei, das ist doch seltsam. Soll
   Ich nun mit deinen Augen sehn?
OTTOKAR.
   Mein Vater!
   Ein Meuchelmörder! Ist er gleich sehr heftig,
   Nie hab ich anders doch ihn, als ganz edel
   Gekannt.
AGNES.
   Soll *ich* nun deinem Vater mehr,
   Als du dem meinen traun?

            Stillschweigen.

OTTOKAR.
   In jedem Falle,
   War zu der Tat Johann von meinem Vater
   Gedungen nicht.
AGNES.
   Kann sein. Vielleicht so wenig,
   Wie von dem meinigen die Leute, die
   Den Bruder dir erschlugen.

            Stillschweigen.

OTTOKAR.
   Hätte nur
   Jeronimus in seiner Hitze nicht
   Den Menschen mit dem Schwerte gleich verwundet.
   Es hätte sich vielleicht das Rätsel gleich
   Gelöst.
AGNES.
   Vielleicht – so gut, wie wenn dein Vater

Die Leute nicht erschlagen hätte, die
Er bei der Leiche deines Bruders fand.

Stillschweigen.

OTTOKAR.
Ach, Agnes diese Tat ist nicht zu leugnen,
Die Mörder haben's ja gestanden. –
AGNES.
Nun,
Wer weiß, was noch geschieht. Johann ist krank,
Er spricht im Fieber manchen Namen aus,
Und wenn mein Vater rachedürstend wäre,
Er könnte leicht sich einen wählen, der
Für sein Bedürfnis taugt.
OTTOKAR.
O Agnes! Agnes!
Ich fange an zu fürchten fast, daß wir
Doch deinem Vater wohl zuviel getan.
AGNES.
Sehr gern nehm ich's, wie all die Meinigen,
Zurück, wenn wir von deinem falsch gedacht.
OTTOKAR.
Für meinen steh ich.
AGNES.
So, wie ich, für meinen.
OTTOKAR.
Nun wohl, 's ist abgetan. Wir glauben uns.
– O Gott, welch eine Sonne geht mir auf!
Wenn's möglich wäre, wenn die Väter sich
So gern, so leicht, wie wir, verstehen wollten!
– Ja könnte man sie nur zusammenführen!
Denn einzeln denkt nur jeder seinen einen
Gedanken, käm der andere hinzu,
Gleich gäb's den dritten, der uns fehlt.
– Und schuldlos, wie sie sind, müßt ohne Rede
Sogleich ein Aug das andere verstehn.
– Ach, Agnes, wenn dein Vater sich entschlösse!
Denn kaum erwarten läßt's von meinem sich.

AGNES.
 Kann sein, er ist schon auf dem Wege.
OTTOKAR.
 Wie?
 Er wird doch nicht? Unangefragt, und ohne
 Die Sicherheit des Zutritts?
AGNES.
 Mit dem Herold
 Gleich wollt er fort nach Rossitz.
OTTOKAR.
 – O das spricht
 Für deinen Vater weit, weit besser, als
 Das Beste für den meinen. –
AGNES.
 Ach, du solltest
 Ihn kennen, ihn nur einmal handeln sehn!
 Er ist so stark und doch so sanft. – Er hat es längst
 Vergeben. –
OTTOKAR.
 Könnt ich das von meinem sagen!
 Denn niemals hat die blinde Rachsucht, die
 Ihn zügellos-wild treibt, mir wohlgetan.
 Ich fürchte viel von meinem Vater, wenn
 Der deinige unangefragt erscheint.
AGNES.
 Nun, das wird jetzt wohl nicht geschehn, ich weiß,
 Jeronimus wird ihn euch melden.
OTTOKAR.
 Jerome?
 Der ist ja selbst nicht sicher.
AGNES.
 Warum das?
OTTOKAR.
 Wenn er Johann verwundet hat, in Warwand
 Verwundet hat, das macht den Vater wütend.
AGNES.
 – Es muß ein böser Mensch doch sein, dein Vater.

OTTOKAR.
Auf Augenblicke, ja. –
AGNES.
So solltest du
Doch lieber gleich zu deinem Vater eilen,
Zu mildern wenigstens, was möglich ist.
OTTOKAR.
Ich mildern? Meinen Vater? Gute Agnes,
Er trägt uns, wie die See das Schiff, wir müssen
Mit seiner Woge fort, sie ist nicht zu
Beschwören. – Nein ich wüßte wohl was Bessers.
– Denn fruchtlos ist doch alles, kommt der Irrtum
Ans Licht nicht, der uns neckt. – Der eine ist,
Von jenem Anschlag auf dein Leben, mir
Schon klar. – Der Jüngling war mein Freund, um seine
Geheimste Absicht kann ich wissen. – Hier
Auf dieser Stelle, eifersuchtgequält,
Reizt' er mit bittern Worten mich, zu ziehen
– Nicht mich zu morden, denn er sagt' es selbst,
Er wolle sterben.
AGNES.
Seltsam! Gerade das
Sagt' er mir auch.
OTTOKAR.
Nun sieh, so ist's am Tage.
AGNES.
Das seh ich doch nicht ein – er stellte sich
Wahnsinnig zwar, drang mir den Dolch auf, sagte,
Als ich mich weigerte, ich hätt ihm einen
Schon in das Herz gedrückt. –
OTTOKAR.
Nun, das brauch ich
Wohl dir nicht zu erklären. –
AGNES.
Wie?
OTTOKAR.
Sagt ich
Dir nicht, daß er dich heftig liebe?

AGNES.
- O
Mein Gott, was ist das für ein Irrtum. - Nun
Liegt er verwundet in dem Kerker, niemand
Pflegt seiner, der ein Mörder heißt, und doch
Ganz schuldlos ist. - Ich will sogleich auch gehen.
OTTOKAR.
Nur einen Augenblick noch. - So wie einer,
Kann auch der andre Irrtum schwinden. - Weißt
Du, was ich tun jetzt werde? Immer ist's
Mir aufgefallen, daß an beiden Händen
Der Bruderleiche just derselbe Finger,
Der kleine Finger fehlte. - Mördern, denk
Ich, müßte jedes andre Glied fast wicht'ger
Doch sein, als just der kleine Finger. Läßt
Sich was erforschen, ist's nur an dem Ort
Der Tat. Den weiß ich. Leute wohnen dort,
Das weiß ich auch. - Ja recht, ich gehe hin.
AGNES.
So lebe wohl denn.
OTTOKAR.
Eile nur nicht so;
Wird dir Johann entfliehn? - Nun pfleg ihm nur,
Und sag ihm, daß ich immer noch sein Freund.
AGNES.
Laß gut sein, werd ihn schon zu trösten wissen.
OTTOKAR.
Wirst du? Nun *einen* Kuß will ich ihm gönnen.
AGNES.
Den andern gibt er mir zum Dank.
OTTOKAR.
Den dritten
Krieg ich zum Lohn für die Erlaubnis.
AGNES.
Von
Johann?
OTTOKAR.
Das ist der vierte.

AGNES.
    Ich versteh
    Versteh schon. Nein, daraus wird nichts.
OTTOKAR.
    Nun gut;
    Das nächstemal geb ich dir Gift.
AGNES *lacht.*
    Frisch aus
    Der Quelle, du trinkst mit.
OTTOKAR *lacht.*
    Sind wir
    Nicht wie die Kinder? Denn das Schicksal zieht
    Gleich einem strengen Lehrer, kaum ein freundlich
    Gesicht, sogleich erhebt der Mutwill wieder
    Sein keckes Haupt.
AGNES.
    Nun bin ich wieder ernst,
    Nun geh ich.
OTTOKAR.
    Und wann kehrst du wieder?
AGNES.
    Morgen.

Ab von verschiedenen Seiten.

Zweite Szene

Rossitz. Ein Zimmer im Schlosse.
Rupert, Santing und Eustache treten auf.

RUPERT.
    Erschlagen, sagst du?
EUSTACHE.
    Ja, so spricht das Volk.
RUPERT.
    Das Volk – ein Volk von Weibern wohl?
EUSTACHE.
    Mir hat's

Ein Mann bekräftigt.
RUPERT.
Hat's ein Mann gehört?
SANTING.
Ich hab's gehört, Herr, und ein Mann, ein Wandrer.
Der her aus Warwand kam, hat's mitgebracht.
RUPERT.
Was hat er mitgebracht?
SANTING.
Daß dein Johann
Erschlagen sei.
EUSTACHE.
Nicht doch, Santing, er sagte
Nichts von Johann, vom Herold sagt' er das.
RUPERT.
Wer von euch beiden ist das Weib?
SANTING.
Ich sage,
Johann; und ist's der Herold, wohl, so steckt
Die Frau ins Panzerhemd, mich in den Weibsrock.
RUPERT.
Mit eignen Ohren will ich's hören. Bringt
Den Mann zu mir.
SANTING.
Ich zweifle, daß er noch
Im Ort.
EUSTACHE *sieht ihn an.*
Er ist im Hause.
RUPERT.
Einerlei.
Bringt ihn.

Santing und Eustache ab.

RUPERT *pfeift; zwei Diener erscheinen.*
Ruft gleich den Grafen Ottokar!
EIN DIENER.
Es soll geschehn, Herr.

Bleibt stehen.

RUPERT.
Nun? was willst du?
DER DIENER.
Herr,
Wir haben eine Klingel hier gekauft,
Und bitten dich, wenn du uns brauchst, so klingle.

Er setzt die Klingel auf den Tisch.

RUPERT.
's ist gut.
DER DIENER.
Wir bitten dich darum, denn wenn
Du pfeifst, so springt der Hund jedwedes Mal
Aus seinem Ofenloch, und denkt, es gelte ihm.
RUPERT.
– 's ist gut.

Diener ab; Eustache und ein Wanderer treten auf.

EUSTACHE.
Hier ist der Mann. – Hör es nun selbst,
Ob ich dir falsch berichtet.
RUPERT.
Wer bist du, mein Sohn?
DER WANDERER.
Bin Hans Franz Flanz von Namen, Untertan
Aus deiner Herrschaft, komm vom Wandern in
Die Heimat heut zurück.
RUPERT.
Du warst in Warwand;
Was sahst du da?
DER WANDERER.
Sie haben deinen Herold
Erschlagen.
RUPERT.
Wer tat es?

DER WANDERER.
    Herr, die Namen gingen
    Auf keine Eselshaut. Es waren an
    Die hundert über einen, alle Graf
    Sylvesters Leute.
RUPERT.
    War Sylvester selbst dabei?
DER WANDERER.
    Er tat, als wüßt er's nicht, und ließ sich bei
    Der Tat nicht sehen. Nachher, als die Stücken
    Des Herolds auf dem Hofe lagen, kam er
    Herunter.
RUPERT.
    Und was sagt' er da?
DER WANDERER.
    Er schalt und schimpfte
    Die Täter tüchtig aus, es glaubt' ihm aber keiner.
    Denn's dauerte nicht lang, so nannt er seine
    Getreuen Untertanen sie.
RUPERT *nach einer Pause.*
    O listig ist die Schlange – 's ist nur gut,
    Daß wir das wissen, denn so *ist* sie's nicht
    Für uns.
EUSTACHE *zum Wanderer.*
    Hat denn der Herold ihn beleidigt?
RUPERT.
    Beleidigen! Ein Herold? Der die Zange
    Nur höchstens ist, womit ich ihn gekniffen.
EUSTACHE.
    So läßt sich's fast nicht denken, daß die Tat
    Von ihm gestiftet; denn warum sollt er
    So zwecklos dich noch mehr erbittern wollen?
RUPERT.
    Er setzet die Erfindungskraft vielleicht
    Der Rache auf die Probe – nun wir wollen
    Doch einen Henker noch zu Rate ziehen.

        Santing und ein zweiter Wanderer treten auf.

SANTING.
   Hier ist der Wandrer, Herr, er kann dir sagen,
   Ob ich ein Weib, ob nicht.
RUPERT *wendet sich.*
   Es ist doch nicht
   Die Höll in seinem Dienst –
ZWEITER WANDERER.
   Ja, Herr, Johann
   So heißt der Rittersmann, den sie in Warwand
   Erschlagen. –
RUPERT.
   Und also wohl den Herold nicht?
ZWEITER WANDERER.
   Herr, das geschah früher.
RUPERT *nach einer Pause.*
   Tretet ab – bleib du, Santing.

   Die Wanderer und Eustache ab.

RUPERT.
   Du siehst, die Sache ist ein Märchen. Kannst
   Du selbst nicht an die Quelle gehn nach Warwand,
   So glaub ich's keinem.
SANTING.
   Herr, du hättst den Mann
   Doch hören sollen. In dem Hause war,
   Wo ich ihn traf, ein andrer noch, der ihm
   Ganz fremd, und der die Nachricht mit den Worten
   Fast sagt', als hätt er sie von ihm gelernt.
RUPERT.
   Der Herold, sei's – das wollt ich glauben; doch
   Johann! Wie käm denn der nach Warwand?
SANTING.
   Wie
   Die Männer sprachen, hat er Agnes,
   Sylvesters Tochter, morden wollen.
RUPERT.
   Morden!
   Ein Mädchen! Sind sie toll? Der Junge ist

160

Verliebt in alles, was in Weiberröcken.
SANTING.
Er soll den Dolch auf sie gezückt schon haben,
Da kommt Jeronimus, und haut ihn nieder.
RUPERT.
Jeronimus – wenn's überhaupt geschehn,
Daß *er's* getan, ist glaublich, denn ich weiß,
Der graue Geck freit um die Tochter. – Glaub's
Trotz allem nicht, bis du's aus Warwand bringst.
SANTING.
So reit ich hin – und kehr ich heut am Tage
Nach Rossitz nicht zurück, so ist's ein Zeichen
Von meinem Tode auch.
RUPERT.
Auf jeden Fall
Will ich den dritten sprechen, der dir's sagte.
SANTING.
Herr, der liegt krank im Haus.
RUPERT.
So führe mich zu ihm.

Beide ab; Jeronimus und Eustache treten im Gespräch von der andern Seite auf.

EUSTACHE.
Um Gotteswillen, Ritter –
JERONIMUS.
Ihm den Mörder
Zu senden, der ihm hinterrücks die Tochter
Durchbohren soll, die Schuldlosreine, die
Mit ihrem Leben nichts verbrach, als dieses
Nur, daß just dieser Vater ihr es gab.
EUSTACHE.
Du hörst mich nicht. –
JERONIMUS.
Was seid ihr besser denn
Als die Beklagten, wenn die Rache so
Unwürdig niedrig ist, als die Beleidigung?

EUSTACHE.
 Ich sag dir ja –
JERONIMUS.
 Ist das die Weis in diesem
 Zweideutig bösen Zwist dem Rechtgefühl
 Der Nachbarn schleunig anzuweisen, wo
 Die gute Sache sei? Nein, wahrlich, nein,
 Ich weiß es nicht, und soll ich's jetzt entscheiden,
 Gleich zu Sylvester wend ich mich, nicht euch.
EUSTACHE.
 So laß mich doch ein Wort nur sprechen – sind
 Wir denn die Stifter dieser Tat?
JERONIMUS.
 Ihr nicht
 Die Stifter? Nun, das nenn ich spaßhaft! Er,
 Der Mörder, hat es selbst gestanden. –
EUSTACHE.
 Wer
 Hat es gestanden?
JERONIMUS.
 Wer fragst du? Johann.
EUSTACHE.
 O welch ein Scheusal ist der Lügner. – Ich
 Erstaun, Jeronimus, und wage kaum
 Zu sagen, was ich von dir denke. Denn
 Ein jedes unbestochnes Urteil müßte
 Schnell frei uns sprechen.
JERONIMUS.
 Schnell? Da hast du unrecht.
 Als ich Sylvester hörte hab ich schnell
 Im Geist entschieden, denn sehr würdig wies
 Die Schuld er von sich, die man auf ihn bürdet.
EUSTACHE.
 Ist's möglich, du nimmst ihn in Schutz?
JERONIMUS.
 Haut mir
 Die Hand ab, wenn ich sie meineidig hebe;
 Unschuldig ist Sylvester!

EUSTACHE.
Soll ich dir
Mehr glauben, als den Tätern, die es selbst
Gestanden?
JERONIMUS.
Nun, das nenn ich wieder spaßhaft;
Denn glauben soll ich doch von euch, daß ihr
Unschuldig, ob es gleich Johann gestanden.
EUSTACHE.
Nun über jedwedes Geständnis geht
Mein innerstes Gefühl doch. –
JERONIMUS.
Gerad so spricht Sylvester,
Doch mit dem Unterschied, daß ich's ihm glaube.
EUSTACHE.
Wenn jene Tat wie diese ist beschaffen –
JERONIMUS.
Für jene, für Sylvesters Unschuld, steh ich.
EUSTACHE.
Und nicht für unsre?
JERONIMUS.
Reinigt euch.
EUSTACHE.
– Was hat
Der Knabe denn gestanden?
JERONIMUS.
Sag mir erst,
Was hat der Mörder ausgesagt, den man
Gefoltert – wörtlich will ich's wissen.
EUSTACHE.
Ach,
Jeronimus, soll ich mich wahr dir zeigen,
Ich weiß es nicht. Denn frag ich, heißt es stets,
Er hat's gestanden; will ich's wörtlich wissen,
So hat, vor dem Geräusch ein jeder nur,
Selbst Rupert nur ein Wort gehört: Sylvester.
JERONIMUS.
Selbst Rupert? Ei, wenn's nur dies Wort bedurfte,

So wußte er's wohl schon vorher, nicht wahr?
So halb und halb?
EUSTACHE.
Gewiß hat er's vorher
Geahndet. –
JERONIMUS.
Wirklich? Nun so war auch wohl
Dies Wort nicht nötig, und ihr hättet euch
Mit einem Blick genügt.
EUSTACHE.
Ach, mir hat's nie
Genügt – doch muß die Flagge wehn wohin
Der Wind. – Ich werde nie den Unglückstag
Vergessen – und es knüpft, du wirst es sehn,
Sich eine Zukunft noch von Unglück an.
– Nun sag mir nur, was hat Johann bekannt?
JERONIMUS.
Johann? Dasselbe. Er hat euren Namen
Genannt.
EUSTACHE.
Und weiter nichts?
JERONIMUS.
Das wäre schon
Wenn nicht Sylvester edel wär, genug.
EUSTACHE.
So glaubt er's also nicht?
JERONIMUS.
Er ist der einz'ge
In seinem Warwand fast, der euch entschuldigt.
EUSTACHE.
– Ja, dieser Haß, der die zwei Stämme trennt,
Stets grundlos schien er mir, und stets bemüht
War ich, die Männer auszusöhnen – doch
Ein neues Mißtraun trennte stets sie wieder
Auf Jahre, wenn so kaum ich sie vereinigt.
– Nun, weiter hat Johann doch nichts bekannt.
JERONIMUS.
Auch dieses Wort selbst sprach er nur im Fieber

– Doch wie gesagt, es wär genug. –
EUSTACHE.
So ist
Er krank?
JERONIMUS.
Er phantasiert sehr heftig, spricht
Das Wahre und das Falsche durcheinander. –
– Zum Beispiel, im Gebirge sei die Hölle
Für ihn, für Ottokar und Agnes doch
Der Himmel.
EUSTACHE.
Nun, und was bedeutet das?
JERONIMUS.
Ei, daß sie sich so treu wie Engel lieben.
EUSTACHE.
Wie? Du erschreckst mich, Ottokar und Agnes?
JERONIMUS.
Warum erschrickst du? Denk ich doch, du solltest
Vielmehr dich freun. Denn fast kein Minnesänger
Könnt etwas Besseres ersinnen, leicht
Das Wildverworrene euch aufzulösen,
Das Blutig-Angefangne lachend zu
Beenden, und der Stämme Zwietracht ewig
Mit seiner Wurzel auszurotten, als
– Als eine Heirat.
EUSTACHE.
Ritter, du erweckst
Mir da Gedanken. – Aber wie? Man sagte,
– War's ein Gerücht nur bloß? – du freitest selbst
Um Agnes?
JERONIMUS.
Ja, 's ist wahr. – Doch untersucht
Es nicht, ob es viel Edelmut, ob wenig
Beweise, daß ich deinem Sohn sie gönne,
– Denn kurz, das Mädel liebt ihn.
EUSTACHE.
Aber sag
Mir nur, wie sie sich kennenlernten? Seit

Drei Monden erst ist Ottokar vom Hofe
Des Kaisers, dessen Edelknab er war,
Zurück. In dieser Zeit hat er das Mädchen,
In meinem Beisein mindstens nicht gesehn.
JERONIMUS.
Doch *nicht* in deinem Beisein um so öfter.
Noch heute waren beid in dem Gebirge.
EUSTACHE.
– Nun freilich, glücklich könnte sich's beschließen,
Sylvester also wär bereit?
JERONIMUS.
Ich bin
Gewiß, daß er das Mädchen ihm nicht weigert,
Obschon von ihrer Lieb er noch nichts weiß.
– Wenn Rupert nur –
EUSTACHE.
's ist kaum zu hoffen, kaum,
– Versuchen will ich's. – Horch! Er kommt! Da ist er!

*Rupert und Santing treten auf; Rupert erblickt Jeronimus, erblaßt,
kehrt um.*

RUPERT *im Abgehen.*
Santing!

Beide ab.

JERONIMUS.
Was war das?
EUSTACHE.
Hat er dich denn schon gesehen?
JERONIMUS.
Absichtlich hab ich ihn vermieden, um
Mit dir vorher mich zu besprechen. – Wie
Es scheint, ist er sehr aufgebracht.
EUSTACHE.
Er ward
Ganz blaß als er dich sah – das ist ein Zeichen
Wie matte Wolkenstreifen stets für mich;
Ich fürchte einen bösen Sturm.

JERONIMUS.
　Weiß er
　Denn, daß Johann von meiner Hand gefallen?
EUSTACHE.
　Noch wußt er's nicht, doch hat er eben jetzt
　Noch einen dritten Wanderer gesprochen.
JERONIMUS.
165　Das ist ein böser Strich durch meinen Plan.
RUPERT *tritt auf.*
　Laß uns allein, Eustache.
EUSTACHE *halblaut zu Jeronimus.*
　Hüte dich,
　Um Gotteswillen.

Ab.

JERONIMUS.
　Sei gegrüßet!
RUPERT.
　Sehr
　Neugierig bin ich zu erfahren, was
　Zu mir nach Rossitz dich geführt. – Du kommst
　Aus Warwand – nicht?
JERONIMUS.
　Unmittelbar von Hause,
　Doch war ich kürzlich dort.
RUPERT.
　So wirst du wissen,
　Wir Vettern sind seit kurzer Zeit ein wenig
　Schlimm übern Fuß gespannt. – Vielleicht hast du
　Aufträg an mich, kommst im Geschäft des Friedens,
　Stellst selbst vielleicht die heilige Person
　Des Herolds vor – ?
JERONIMUS.
　Des Herolds? Nein – Warum?
　– Die Frag ist seltsam. – Als dein Gast komm ich.
RUPERT.
　Mein Gast – und hättst aus Warwand keinen Auftrag?

JERONIMUS.
Zum mindsten keinen andern, dessen ich
Mich nicht als Freund des Hauses im Gespräch
Gelegentlich entled'gen könnte.
RUPERT.
Nun,
Wir brechen die Gelegenheit vom Zaune;
Sag an.
JERONIMUS.
– Sylvester will dich sprechen.
RUPERT.
Mich;
Mich sprechen?
JERONIMUS.
Freilich seltsam ist die Forderung,
Ja unerhört fast – dennoch, gäb's ein Zeichen,
Ein sichres fast, von seiner Unschuld, wär
Es dieses.
RUPERT.
Unschuld?
JERONIMUS.
Ja, mir ist's ein Rätsel,
Wie dir, da es die Mörder selbst gestanden.
Zwar ein Geständnis auf der Folter ist
Zweideutig stets – auch war es nur ein Wort,
Das doch im Grunde stets sehr unbestimmt.
Allein, trotz allem, der Verdacht bleibt groß,
Und fast unmöglich scheint's – zum wenigsten
Sehr schwer, doch sich davon zu reinigen.
RUPERT.
Meinst du?
JERONIMUS.
Doch, wie gesagt, er hält's für möglich.
Er glaubt, es steck ein Irrtum wo verborgen. –
RUPERT.
Ein Irrtum?
JERONIMUS.
Den er aufzudecken, nichts

Bedürfe, als nur ein Gespräch mit dir.
RUPERT.
– Nun, meinetwegen.
JERONIMUS.
Wirklich? Willst du's tun?
RUPERT.
Wenn du ihn jemals wiedersehen solltest. –
JERONIMUS.
– Jemals? Ich eile gleich zu ihm.
RUPERT.
So sag's
Daß ich mit Freuden ihn erwarten würde.
JERONIMUS.
O welche segensreiche Stunde hat
Mich hergeführt. – Ich reite gleich nach Warwand,
Und bring ihn her. – Möcht er dich auch so finden,
So freundlich, und so mild, wie ich. – Mach's ihm
Nicht schwer, die Sache ist verwickelt, blutig
Ist die Entscheidung stets des Schwerts, und Frieden
Ist die Bedingung doch von allem Glück.
Willst du ihn nur unschuldig finden, wirst
Du's auch. – Ich glaub's, bei meinem Eid, ich glaub's,
Ich war wie du von dem Verdacht empört,
Ein einz'ger Blick auf sein ehrwürdig Haupt,
Hat schnell das Wahre mich gelehrt. –
RUPERT.
Dein Amt
Scheint aus, wenn ich nicht irre.
JERONIMUS.
Nur noch zur
Berichtigung etwas von zwei Gerüchten,
Die bös verfälscht, wie ich fast fürchte, dir
Zu Ohren kommen möchten. –
RUPERT.
Nun?
JERONIMUS.
Johann
Liegt krank in Warwand.

RUPERT.
　Auf den Tod, ich weiß.
JERONIMUS.
　Er wird nicht sterben.
RUPERT.
　Wie es euch beliebt.
JERONIMUS.
　Wie?
RUPERT.
　Weiter – Nun, das andere Gerücht?
JERONIMUS.
　Ich wollt dir sagen noch, daß zwar Johann
　Den Dolch auf Agnes –
RUPERT.
　Ich hatt ihn gedungen.
JERONIMUS.
　Wie sagst du?
RUPERT.
　Könnt's mir doch nichts helfen, wenn
　Ich's leugnen wollte, da er's ja gestanden.
JERONIMUS.
　Vielmehr das Gegenteil – aus seiner Rede
　Wird klar, daß dir ganz unbewußt die Tat.
RUPERT.
　Sylvester doch ist überzeugt, wie billig,
　Daß ich so gut ein Mörder bin, wie er?
JERONIMUS.
　Vielmehr das Gegenteil – der Anschein hat
　Das ganze Volk getäuscht, doch er bleibt stets
　Unwandelbar, und nennt dich schuldlos.
RUPERT.
　O List der Hölle, von dem bösesten
　Der Teufel ausgeheckt!
JERONIMUS.
　Was ist das? Rupert!
RUPERT *faßt sich.*
　Das war das eine. – Nun, sprich weiter, noch
　Ein anderes Gerücht wolltst du bericht'gen.

JERONIMUS.
Gib mir erst Kraft und Mut, gib mir Vertraun.
RUPERT.
Sieh zu, wie's geht – sag an.
JERONIMUS.
Der Herold ist –
RUPERT.
Erschlagen, weiß ich – doch Sylvester ist
Unschuldig an dem Blute.
JERONIMUS.
Wahrlich, ja,
Er lag in Ohnmacht während es geschah.
Es hat ihn tief empört, er bietet jede
Genugtuung dir an, die du nur forderst.
RUPERT.
Hat nichts zu sagen. –
JERONIMUS.
Wie?
RUPERT.
Was ist ein Herold?
JERONIMUS.
Du bist entsetzlich. –
RUPERT.
Bist du denn ein Herold? –
JERONIMUS.
Dein Gast bin ich, ich wiederhol's. – Und wenn
Der Herold dir nicht heilig ist, so wird's
Der Gast dir sein.
RUPERT.
Mit heilig? Ja. Doch fall
Ich leicht in Ohnmacht.
JERONIMUS.
Lebe wohl.

Schnell ab.
Pause; Eustache stürzt aus dem Nebenzimmer herein.

EUSTACHE.
Um Gotteswillen, rette, rette.

Sie öffnet das Fenster.

Alles
Fällt über ihn – Jeronimus! – das Volk
Mit Keulen – rette, rette ihn – sie reißen
Ihn nieder, nieder liegt er schon am Boden –
Um Gotteswillen, komm ans Fenster nur,
Sie töten ihn. – Nein wieder steht er auf,
Er zieht, er kämpft, sie weichen. – Nun, ist's Zeit,
O Rupert, ich beschwöre dich. – Sie dringen
Schon wieder ein, er wehrt sich wütend. – Rufe
Ein Wort, um aller Heil'gen willen nur
Ein Wort aus diesem Fenster. – – Ah! jetzt fiel
Ein Schlag – – er taumelt, ah! noch einer. – – Nun
Ist's aus. – Nun fällt er um. – Nun ist er tot. – –

Pause; Eustache tritt vor Rupert.

O welch entsetzliche Gelassenheit – –
– Es hätte dir ein Wort gekostet, nur
Ein Schritt bis zu dem Fenster, ja, dein bloßes
Gebieterantlitz hätte sie geschreckt. –
– Mög einst in jener bittern Stunde, wenn
Du Hülfe Gottes brauchest, Gott nicht säumen,
Wie du, mit Hülfe vor dir zu erscheinen.
SANTING *tritt auf.*
's ist abgetan, Herr.
EUSTACHE.
Abgetan? Wie sagst
Du, Santing – Rupert, abgetan?

Rupert wendet sich verlegen.

O jetzt
Ist's klar. – Ich Törin, die ich dich zur Rettung
Berief! – O pfui! Das ist kein schönes Werk,
Das ist so häßlich, so verächtlich, daß
Selbst ich, dein unterdrücktes Weib, es kühn
Und laut verachte. Pfui! O pfui! Wie du
Jetzt vor mir sitzest und es leiden mußt,

Daß ich in meiner Unschuld hoch mich brüste.
Denn über alles siegt das Rechtgefühl,
Auch über jede Furcht und jede Liebe,
Und nicht der Herr, der Gatte nicht, der Vater
Nicht meiner Kinder ist so heilig mir,
Daß ich den Richterspruch verleugnen sollte,
Du bist ein Mörder.
RUPERT *steht auf.*
Wer zuerst ihn tödlich
Getroffen hat, der ist des Todes!
SANTING.
Herr,
Auf dein Geheiß. –
RUPERT.
Wer sagt das?
SANTING.
's ist ein Faustschlag
Mir ins Gesicht.
RUPERT.
Steck's ein.

Er pfeift; zwei Diener erscheinen.

Wo sind die Hunde wenn
Ich pfeife? – Ruft den Grafen auf mein Zimmer.

Der Vorhang fällt.

Vierter Aufzug

Erste Szene

Rossitz. Zimmer im Schlosse.
Rupert und Santing treten auf.

RUPERT.
Das eben ist der Fluch der Macht, daß sich
Dem Willen, dem leicht widerruflichen,
Ein Arm gleich beut, der fest unwiderruflich
Die Tat ankettet. Nicht ein Zehnteil würd
Ein Herr des Bösen tun, müßt er es selbst
Mit eignen Händen tun. Es heckt sein bloßer
Gedanken Unheil aus, und seiner Knechte
Geringster hat den Vorteil über ihn,
Daß er das Böse wollen darf.

SANTING.
Ich kann
Das Herrschen dir nicht lehren, du nicht das
Gehorchen mir. Was Dienen ist, das weiß
Ich auf ein Haar. Befiehl, daß ich dir künftig
Nicht mehr gehorche, wohl so will ich dir
Gehorchen.

RUPERT.
Dienen! Mir gehorchen! Dienen!
Sprichst du doch wie ein Neuling. Hast du mir
Gedient? Soll ich dir erklären, was
Ein Dienst sei? Nützen, nützen soll er. – Was
Denn ist durch deinen mir geworden, als
Der Reue ekelhaft Gefühl?
Es ist
Mir widerlich, ich will's getan nicht haben.
Auf deine Kappe nimm's – ich steck dich in
Den Schloßturm. –

SANTING.
Mich?
RUPERT.
Kommst du heraus, das schöne
Gebirgslehn wird dir nicht entgehn.

Eustache tritt auf.

RUPERT *steht auf, zu Santing, halblaut.*
Es bleibt
Dabei. In vierzehn Tagen bist du frei.

Zu Eustache.

Was willst du?
EUSTACHE.
Stör ich?
RUPERT *zu Santing.*
Gehe! Meinen Willen
Weißt du. Solange ich kein Knecht, soll mir
Den Herrn ein andrer auf der Burg nicht spielen.
Den Zügel hab ich noch, sie sollen sich
Gelassen dran gewöhnen, müßten sie
Die Zähne sich daran zerbeißen. Der
Zuerst den Herold angetastet, hat
Das Beil verwirkt. – Dich steck ich in den Schloßturm.
– Kein Wort, sag ich, wenn dir dein Leben lieb!
Du hast ein Wort gedeutet, eigenmächtig,
Rebellisch deines Herren Willen mißbraucht –
– Ich schenk dir 's Leben. Fort! Tritt ab.

Santing ab. Zu Eustache.

Was willst du?
EUSTACHE.
Mein Herr, und mein Gemahl –
RUPERT.
Wenn du
Die Rede, die du kürzlich hier begonnen,
Fortsetzen willst, so spar es auf; du siehst,
Ich bin soeben nicht gestimmt, es an

Zu hören.
EUSTACHE.
Wenn ich Unrecht dir getan –
RUPERT.
So werd ich mich vor dir wohl reinigen müssen?
Soll ich etwa das Hofgesinde rufen,
Und öffentlich dir Rede stehn?
EUSTACHE.
O mein
Gemahl, ein Weib glaubt gern an ihres Mannes
Unschuld, und küssen will ich deine Hand
Mit Tränen, Freudentränen, wenn sie rein
Von diesem Morde.
RUPERT.
Wissen es die Leute,
Wie's zugegangen?
EUSTACHE.
Selber spricht die Tat.
Das Volk war aufgehetzt von Santing.
RUPERT.
Daß
Ich auf dein Rufen an das Fenster nicht
Erschienen, ist mir selber unerklärlich,
Sehr schmerzhaft ist mir die Erinnerung.
EUSTACHE.
Es würde fruchtlos doch gewesen sein.
Er sank so schleunig hin, daß jede Rettung,
Die schnellste selbst, zu spät gekommen wäre.
Auch ganz aus seiner Schranke war das Volk,
Und hätte nichts von deinem Wort gehört.
RUPERT.
Doch hätt ich mich gezeigt –
EUSTACHE.
Nun freilich wohl.
DIE KAMMERZOFE *stürzt herein, umfaßt Eustachens Füße.*
Um deine Hülfe, Gnädigste! Erbarmung,
Gebieterin! Sie führen ihn zum Tode,
Errettung von dem Tod! Laß ihn, laß mich,

Laß uns nicht aufgeopfert werden!
EUSTACHE.
Dich?
Bist du von Sinnen?
DIE KAMMERZOFE.
Meinen Friedrich. Er
Hat ihn zuerst getroffen.
EUSTACHE.
Wen?
DIE KAMMERZOFE.
Den Ritter,
Den dein Gemahl geboten zu erschlagen.
RUPERT.
Geboten – ich! Den Teufel hab ich. – Santing
Hat's angestiftet!
DIE KAMMERZOFE *steht auf.*
Santing hat's auf dein
Geheiß gestiftet.
RUPERT.
Schlange, giftige!
Aus meinen Augen, fort!
DIE KAMMERZOFE.
Auf dein Geheiß
Hat's Santing angestiftet. Selbst hab ich's
Gehört, wie du's dem Santing hast befohlen.
RUPERT.
– Gehört? – Du selbst?
DIE KAMMERZOFE.
Ich stand im Schloßflur, stand
Dicht hinter dir, ich hörte jedes Wort,
Doch du warst blind vor Wut, und sahst mich nicht.
Es haben's außer mir noch zwei gchört.
RUPERT.
– 's ist gut. Tritt ab.
DIE KAMMERZOFE.
So schenkst du ihm das Leben?
RUPERT.
's soll aufgeschoben sein.

DIE KAMMERZOFE.
 O Gott sei Dank!
 Und dir sei Dank, mein bester Herr, es ist
 Ein braver Bursche, der sein Leben wird
 An deines setzen.
RUPERT.
 Gut, sag ich. Tritt ab.
  Kammerzofe ab.
 Rupert wirft sich auf einen Sessel; Eustache nähert sich ihm; Pause.
EUSTACHE.
 Mein teurer Freund. –
RUPERT.
 Laß mich allein, Eustache.
EUSTACHE.
 O laß mich bleiben. – O dies menschlich schöne
 Gefühl, das dich bewegt, löscht jeden Fleck,
 Denn Reue ist die Unschuld der Gefallnen.
 An ihrem Glanze weiden will ich mich,
 Denn herrlicher bist du mir nie erschienen,
 Als jetzt.
RUPERT.
 Ein Elender bin ich. –
EUSTACHE.
 Du glaubst
 Es. – Ah! Der Augenblick nach dem Verbrechen
 Ist oft der schönste in dem Menschenleben,
 Du weißt's nicht – ach, du weißt es nicht und grade
 Das macht dich herrlich. Denn nie besser ist
 Der Mensch, als wenn er es recht innig fühlt,
 Wie schlecht er ist.
RUPERT.
 Es kann mich keiner ehren,
 Denn selbst ein Ekel bin ich mir.
EUSTACHE.
 Den soll
 Kein Mensch verdammen, der sein Urteil selbst
 Sich spricht. O hebe dich! Du bist so tief

Bei weitem nicht gesunken, als du hoch
Dich heben kannst.
RUPERT.
Und wer hat mich so häßlich
Gemacht? O hassen will ich ihn. –
EUSTACHE.
Rupert!
Du könntest noch an Rache denken?
RUPERT.
Ob
Ich an die Rache denke? – Frage doch,
Ob ich noch lebe?
EUSTACHE.
Ist es möglich? O
Nicht diesen Augenblick zum wenigsten
Wirst du so bös beflecken – Teufel nicht
In deiner Seele dulden, wenn ein Engel
Noch mit mir spricht aus deinen Zügen.
RUPERT.
Soll
Ich dir etwa erzählen, daß Sylvester
Viel Böses mir getan? Und soll ich's ihm
Verzeihn, als wär es nur ein Weiberschmollen?
Er hat mir freilich nur den Sohn gemordet,
Den Knaben auch, der lieb mir wie ein Sohn. –
EUSTACHE.
O sprich's nicht aus! Wenn dich die Tat gereut,
Die blutige, die du gestiftet, wohl,
So zeig's, und ehre mindestens im Tode
Den Mann, mit dessen Leben du gespielt.
Der Abgeschiedene hat es beschworen:
Unschuldig ist Sylvester!

Rupert sieht ihr starr ins Gesicht.

So unschuldig
An Peters Mord, wie wir an jenem Anschlag
Auf Agnes' Leben.

RUPERT.
　Über die Vergleichung!
EUSTACHE.
　Warum nicht mein Gemahl? Denn es liegt alles
　Auf beiden Seiten gleich, bis selbst auf die
　Umstände noch der Tat. Du fandst Verdächt'ge
　Bei deinem toten Kinde, so in Warwand;
　Du hiebst sie nieder, so in Warwand; sie
　Gestanden Falsches, so in Warwand; du
　Vertrautest ihnen, so in Warwand. – Nein,
　Der einz'ge Umstand ist verschieden, daß
　Sylvester selber doch dich freispricht.
RUPERT.
　O
　Gewendet, listig, haben sie das ganze
　Verhältnis, mich, den Kläger, zum Verklagten
　Gemacht. – Und um das Bubenstück, das mich
　Der ganzen Welt als Mörder zeigt, noch zu
　Vollenden, so verzeiht er mir. –
EUSTACHE.
　Rupert!
　O welch ein häßlicher Verdacht, der schon
　Die Seele schändet, die ihn denkt.
RUPERT.
　Verdacht
　Ist's nicht in mir, es ist Gewißheit. Warum
　Meinst du, hätt er mir wohl verziehen, da
　Der Anschein doch so groß, als nur, damit
　Ich gleich gefällig mich erweise? Er
　Kann sich nicht reinigen, er kann es nicht,
　Und nun, damit ich's ihm erlaß, erläßt
　Er's mir. – Nun, halb zum wenigsten soll ihm
　Das Bubenstück gelingen nur. Ich nehme
　Den Mord auf mich – und hätt der Jung das Mädchen
　Erschlagen, wär's mir recht.
EUSTACHE.
　Das Mädchen? O
　Mein Gott, du wirst das Mädchen doch nicht morden?

RUPERT.
Die Stämme sind zu nah gepflanzet, sie
Zerschlagen sich die Äste.
EUSTACHE *zu seinen Füßen.*
O verschone,
Auf meinen Knien bitt ich dich verschone
Das Mädchen – wenn dein eigner Sohn dir lieb,
Wenn seine Liebe lieb dir, wenn auf immer
Du seinen Fluch dir nicht bereiten willst,
Verschone Agnes. –
RUPERT.
Welche seltsame
Anwandlung? Mir den Fluch des Sohnes?
EUSTACHE.
Ja,
Es ist heraus – auf meinen Knien beschwöre
Ich dich, bei jener ersten Nacht, die ich
Am Tage vor des Priesters Spruch dir schenkte,
Bei unserm einz'gen Kind, bei unserm letzten
Das du hinopferst, und das du doch nicht
Geboren hast, wie ich, o mache diesem
Unselig-bösen Zwist ein Ende, der
Bis auf den Namen selbst den ganzen Stamm
Der Schroffensteine auszurotten droht.
Gott zeigt den Weg selbst zur Versöhnung dir.
Die Kinder lieben sich, ich habe sichre
Beweise. –
RUPERT.
Lieben?
EUSTACHE.
Unerkannt hat Gott
In dem Gebirge sie vereint.
RUPERT.
Gebirg?
EUSTACHE.
Ich weiß es von Jeronimus, der Edle!
Vortreffliche! Sein eigner Plan war es
Die Stämme durch die Heirat zu versöhnen,

Und selbst sich opfernd, trat er seine Braut
Dem Sohne seines Freundes ab. – O ehre
Im Tode seinen Willen, daß sein Geist
In deinen Träumen dir nicht mit Entsetzen
Begegne. – Sprich, o sprich den Segen aus!
Mit Tränen küß ich deine Kniee, küsse
Mit Inbrunst deine Hand, die ach! noch schuldig
Was sie am Altar mir versprach – o brauche
Sie einmal doch zum Wohltun, gib dem Sohne
Die Gattin, die sein Herz begehrt, und dir
Und mir und allen Unsrigen den Frieden. –
RUPERT.
Nein, sag mir, hab ich recht gehört, sie sehen
Sich im Gebirge, Ottokar und Agnes?
EUSTACHE *steht auf.*
O Gott, mein Heiland, was hab ich getan?
RUPERT *steht auf.*
Das freilich ist ein Umstand von Bedeutung.

Er pfeift; zwei Diener erscheinen.

EUSTACHE.
Wär's möglich? Nein. – O Gott sei Dank! Das wäre
Ja selbst für einen Teufel fast zu boshaft. –
RUPERT *zu den Dienern.*
Ist noch der Graf zurück nicht vom Spaziergang?
EIN DIENER.
Nein, Herr.
RUPERT.
Wo ist der Santing?
EIN DIENER.
Bei der Leiche.
RUPERT.
Führ mich zu ihm.

Ab.

EUSTACHE *ihm nach.*
Rupert! Rupert! O höre. –

Alle ab.

Zweite Szene

Warwand; Zimmer im Schlosse. Sylvester tritt auf, öffnet ein Fenster, und bleibt mit Zeichen einer tiefen Bewegung davor stehen. Gertrude tritt auf, und nähert sich ihm mit verdecktem Gesicht.

GERTRUDE.
  Weißt du es?
AGNES *tritt auf, noch an der Tür halblaut.*
  Mutter! Mutter!

  Gertrude sieht sich um, Agnes nähert sich ihr.

Weißt du die
Entsetzenstat? Jerome ist erschlagen.

  Gertrude gibt ihr ein bejahendes Zeichen.

  Weiß er's?
GERTRUDE *wendet sich zu Sylvester.*
  Sylvester!
SYLVESTER *ohne sich umzusehen.*
  Bist du es Gertrude?
GERTRUDE.
  Wenn
  Ich wüßte, wie du jetzt gestimmt, viel hätt ich
  Zu sagen dir.
SYLVESTER.
  Es ist ein trüber Tag
  Mit Wind und Regen, viel Bewegung draußen. –
  Es zieht ein unsichtbarer Geist, gewaltig,
  Nach *einer* Richtung alles fort, den Staub,
  Die Wolken, und die Wellen. –
GERTRUDE.
  Willst du mich,
  Sylvester, hören?
SYLVESTER.
  Sehr beschäftigt mich

Dort jener Segel – siehst du ihn? Er schwankt
Gefährlich, übel ist sein Stand, er kann
Das Ufer nicht erreichen. –
GERTRUDE.
Höre mich,
Sylvester, eine Nachricht hab ich dir
Zu sagen von Jerome.
SYLVESTER.
Er, er ist
Hinüber –

Er wendet sich.

Ich weiß alles.
GERTRUDE.
Weißt du's? Nun
Was sagst du?
SYLVESTER.
Wenig will ich sagen. Ist
Theistin noch nicht zurück?
GERTRUDE.
So willst du nun
Den Krieg beginnen?
SYLVESTER.
Kenn ich doch den Feind.
GERTRUDE.
Nun freilich wie die Sachen stehn, so mußt
Du's wohl. Hat er den Vetter hingerichtet,
Der schuldlos war, so wird er dich nicht schonen.
Die Zweige abzuhaun des ganzen Stammes,
Das ist sein überlegter Plan, damit
Das Mark ihm seinen Wipfel höher treibe.
SYLVESTER.
Den Edelen, der nicht einmal als Herold
Gekommen, der als Freund nur das Geschäft
Betrieb des Friedens, preiszugeben – *ihn*
Um sich an *mir* zu rächen, preiszugeben
Dem Volke. –

GERTRUDE.
  Nun doch, endlich wirst du ihn
  Nicht mehr verkennen?
SYLVESTER.
  Ihn hab ich verkannt,
  Jeronimus – hab ihn der Mitschuld heute
  Geziehen, der sich heut für mich geopfert.
  Denn wohl geahndet hat es ihm – mich hielt
  Er ab, und ging doch selbst nach Rossitz, der
  Nicht sichrer war, als ich. –
GERTRUDE.
  Konnt er denn anders?
  Denn weil du Rupert stets mit blinder Neigung
  Hast freigesprochen, ja sogar gezürnt,
  Wenn man es nur gewagt ihm zu mißtraun,
  So mußt er freilich zu ihm gehen. –
SYLVESTER.
  Nun,
  Beruh'ge dich – fortan kein anderes
  Gefühl als nur der Rache will ich kennen,
  Und wie ich duldend einer Wolke gleich,
  Ihm lange überm Haupt geschwebt, so fahr
  Ich einem Blitze gleich jetzt über ihn.
THEISTINER *tritt auf.*
  Hier bin ich wieder, Herr, von meinem Zuge
  Und bringe gleich die fünf Vasallen mit.
SYLVESTER *wendet sich schnell.*
  Wo sind sie?
THEISTINER.
  Unten in dem Saale. Drei,
  Der Manso, Vitina, Paratzin, haben
  Auf ihren Kopf ein dreißig Männer gleich
  Nach Warwand mitgebracht.
SYLVESTER.
  Ein dreißig Männer?
  – Ein ungesprochner Wunsch ist mir erfüllt.
  – Laßt mich allein ihr Weiber.

Die Weiber ab.

Wenn sie so
    Ergeben sich erweisen, sind sie wohl
    Gestimmt, daß man sie schleunig brauchen kann?
THEISTINER.
    Wie den gespannten Bogen, Herr; der Mord
    Jeromes hat ganz wütend sie gemacht.
SYLVESTER.
    So wollen wir die Witterung benutzen.
    Er will nach meinem Haupte greifen, will
    Es – nun, so greif ich schnell nach seinem. Dreißig
    Sagst du, sind eben eingerückt, ein Zwanzig
    Bring ich zusammen, das ist mit dem Geiste,
    Der mit uns geht, ein Heer – Theistin, was meinst du?
    Noch diese Nacht will ich nach Rossitz.
THEISTINER.
    Herr,
    Gib mir ein Funfzehn von dem Trupp, spreng ich
    Die Tore selbst und öffne dir den Weg.
    Ich kenn das Nest als wär's ein Dachsloch – noch
    Erwarten sie von uns nichts Böses, ich
    Beschwör's, die sieben Bürger halten Wache
    Noch, wie in Friedenszeiten.
SYLVESTER.
    So bleibt's dabei.
    Du nimmst den Vortrab. Wenn es finster, brechen
    Wir auf. Den ersten Zugang überrumpelst
    Du, selber folg ich auf dem Fuße, bei
    Jeromes Leiche sehen wir uns wieder.
    Ich will ihm eine Totenfeier halten,
    Und Rossitz soll wie Fackeln sie beleuchten.
    Nun fort zu den Vasallen.

Beide ab.

Dritte Szene

Bauernküche. Barnabe am Herd.
Sie rührt einen Kessel, der über Feuer steht.

BARNABE.
　Zuerst dem Vater:
　Ruh in der Gruft; daß ihm ein Frevlerarm nicht
　Über das Feld trage die Knochen umher.
　Leichtes Erstehn; daß er hoch jauchzend das Haupt
　Dränge durchs Grab, wenn die Posaune ihm ruft.
　Ewiges Glück: daß sich die Pforte ihm weit
　Öffne, des Lichts Glanzstrom entgegen ihm wog.
URSULA *außerhalb der Szene.*
　Barnabe! Barnabe! Rührst du den Kessel?
BARNABE.
　Ja doch, ja, mit beiden Händen;
　Ich wollt ich könnt die Füß auch brauchen.
URSULA.
　Aber
　Du sprichst nicht die drei Wünsche. –
BARNABE.
　Nun, das gesteh ich!
　Wenn unser Herrgott taub, wie du, so hilft
　Es alles nichts. – Dann der Mutter:
　Alles Gedeihn; daß ihr die Landhexe nicht
　Giftigen Blicks töte das Kalb in der Kuh.
　Heil an dem Leibe: daß ihr der Krebs mit dem Blut –
　Läppchen im Schutt schwinde geschwinde dahin,
　Leben im Tod: daß ihr kein Teufel die Zung
　Strecke heraus, wenn sie an Gott sich empfiehlt.
　Nun für mich:
　Freuden vollauf: daß mich ein stattlicher Mann
　Ziehe mit Kraft kühn ins hochzeitliche Bett.
　Gnädiger Schmerz: daß sich –
URSULA.
　Barnabe! Böses Mädel! Hast den Blumenstaub

Vergessen und die Wolfkrautskeime.
BARNABE.
Nein
Doch, nein, 's ist alles schon hinein. Der Brei
Ist dick, daß schon die Kelle stehet.
URSULA.
Aber
Die ungelegten Eier aus dem Hechtsbauch?
BARNABE.
Schneid ich noch einen auf?
URSULA.
Nein, warte noch.
Ich will erst Fliederblüte zubereiten.
Laß du nur keinen in die Küche, hörst du?
Und rühre fleißig, hörest du? Und sag
Die Wünsche, hörst du?
BARNABE.
Ja doch, ja. – Wo blieb
Ich stehn? Freuden vollauf – Nein, das ist schon vorbei.
Gnädiger Schmerz: daß sich die liebliche Frucht
Winde vom Schoß o nicht mit Ach! mir und Weh!
Weiter mir nichts, bleibt mir ein Wünschen noch frei,
Gütiger Gott mache die Mutter gesund.

Sie hält wie ermüdet inne.

Ja, lieber Gott! – Wenn's Glück so süß nicht wär,
Wer würd so sauer sich darum bemühn? –
Von vorn. Zuerst dem Vater:
Ruh in der Gruft: daß ihm ein Frevlerarm nicht
Über das Feld – – Ah!

Sie erblickt Ottokar, der bei den letzten Worten hereingetreten ist.

OTTOKAR.
Was sprichst du mit
Dem Kessel, Mädchen? Bist du eine Hexe,
Du bist die lieblichste, die ich gesehn,
Und tust, ich wette, keinem Böses, der
Dir gut.

BARNABE.
  Geh h'raus, du lieber Herr, ich bitte dich.
  In dieser Küche darf jetzt niemand sein,
  Die Mutter selbst nicht, außer ich.
OTTOKAR.
  Warum
  Denn just nur du?
BARNABE.
  Was weiß ich? Weil ich eine Jungfrau bin.
OTTOKAR.
  Ja darauf schwör ich. Und wie heißt du denn,
  Du liebe Jungfrau?
BARNABE.
  Barnabe.
OTTOKAR.
  So? Deine Stimme
  Klingt schöner, als dein Name.
URSULA.
  Barnabe! Barnabe!
  Wer spricht denn in der Küch?

  Ottokar macht ein bittend Zeichen.

BARNABE.
  Was sagst du, Mutter?
URSULA.
  Bist du es? Sprichst du die drei Wünsche?
BARNABE.
  Ja doch, ja,
  Sei doch nur ruhig.

  Sie fängt wieder an, im Kessel zu rühren.

  Aber nun geh fort,
  Du lieber Herr. Denn meine Mutter sagt,
  Wenn ein Unreiner zusieht, taugt der Brei nicht.
OTTOKAR.
  Doch wenn ein Reiner zusieht, wird er um
  So besser.

BARNABE.
  Davon hat sie nichts gesagt.
OTTOKAR.
  Weil's sich von selbst ergibt.
BARNABE.
  Nun freilich wohl,
  Es scheint mir auch. Ich will die Mutter fragen.
OTTOKAR.
  Wozu? Das wirst du selber ja verstehn.
BARNABE.
  Nun störe mich nur nicht. 's ist unser Glücksbrei,
  Und ich muß die drei Wünsche dazu sagen.
OTTOKAR.
  Was kochst du denn?
BARNABE.
  Ich? – Einen Kindesfinger.
  Ha! ha! Nun denkst du, ich sei eine Hexe.
OTTOKAR.
  Kin – Kindesfinger?
URSULA.
  Barnabe! Du böses Mädel!
  Was lachst du?
BARNABE.
  Ei, was lach ich? Ich bin lustig,
  Und sprech die Wünsche.
URSULA.
  Meinen auch vom Krebse?
BARNABE.
  Ja, ja. Auch den vom Kalbe.
OTTOKAR.
  Sag mir – ? Hab
  Ich recht gehört – ?
BARNABE.
  Nein sieh, ich plaudre nicht.
  Ich muß die Wünsche sprechen, laß mich sein.
  Sonst schilt die Mutter und der Brei verdirbt.
OTTOKAR.
  Hör, weißt du was? Bring diesen Beutel deiner Mutter,

184
    Er sei dir auf den Herd gefallen, sprich,
    Und komm schnell wieder.
BARNABE.
    Diesen Beutel? 's ist
    Ja Geld darin. –
OTTOKAR.
    Gib's nur der Mutter dreist,
    Jedoch verschweig's, von wem er kommt. Nun geh.
BARNABE.
    Du lieber Gott, bist du ein Engel?
OTTOKAR.
    Fort! Und komm bald wieder.

Er schiebt sie sanft ins Nebenzimmer; lebhaft auf und nieder gehend.

Ein Kindesfinger! Wenn's der kleine wäre!
Wenn's Peters kleiner Finger wäre! Wiege
Mich, Hoffnung, einer Schaukel gleich, und gleich
Als spielt' geschloßnen Auges schwebend mir
Ein Windzug um die offne Brust, so wende
Mein Innerstes sich vor Entzücken. – Wie
Gewaltig, Glück, klopft deine Ahndung an
Die Brust! Dich selbst, o Übermaß, wie werd
Ich dich ertragen. – Horch! Sie kommt! Jetzt werd ich's hören!

Barnabe tritt auf, er geht ihr entgegen und führt sie in den Vordergrund.

    Nun sage mir, wie kommt ihr zu dem Finger?
BARNABE.
    Ich hab mit Muttern kürzlich ihn gefunden.
OTTOKAR.
    Gefunden bloß? Auf welche Art?
BARNABE.
    Nun dir
    Will ich's schon sagen, wenn's gleich Mutter mir
    Verboten.
OTTOKAR.
    Ja, das tu.

BARNABE.
> Wir suchten Kräuter
> Am Waldstrom im Gebirg, da schleifte uns
> Das Wasser ein ertrunken Kind ans Ufer.
> Wir zogen's drauf heraus, bemühten viel
> Uns um das arme Wurm; vergebens, es
> Blieb tot. Drauf schnitt die Mutter die's versteht,
> Dem Kinde einen kleinen Finger ab;
> Denn der tut nach dem Tod mehr Gutes noch,
> Als eines Auferwachsnen ganze Hand
> In seinem Leben. – Warum stehst du so
> Tiefsinnig? Woran denkest du?

OTTOKAR.
> An Gott.
> Erzähle mehr noch. Du und deine Mutter –
> War niemand sonst dabei?

BARNABE.
> Gar niemand.

OTTOKAR.
> Wie?

BARNABE.
> Als wir den Finger abgelöset, kamen
> Zwei Männer her aus Warwand, welche sich
> Den von der Rechten lösen wollten. Der
> Hilft aber nichts, wir machten uns davon,
> Und weiter weiß ich nichts.

OTTOKAR.
> Es ist genug.
> Du hast gleich einer heil'gen Offenbarung
> Das Unbegriffne mir erklärt. Das kannst
> Du nicht verstehn, doch sollst du's bald. – Noch eins.
> Im Warwand ist ein Mädchen, dem ich auch
> So gut, wie dir. Die spräch ich gern noch heut
> In einer Höhle, die ihr wohlbekannt.
> Die Tochter ist es auf dem Schlosse, Agnes,
> Du kannst nicht fehlen.

BARNABE.
> Soll ich sie dir rufen?

Nun ja, es wird ihr Freude machen auch.
OTTOKAR.
Und dir. Wir wollen's beide dir schon lohnen.
Doch mußt du's selbst ihr sagen, keinem andern
Vertraun, daß dich ein Jüngling abgeschickt,
Verstehst du? Nun, das weißt du wohl. – Und daß
Du Glauben finden mögest auch bei ihr,
Nimm dieses Tuch, und diesen Kuß gib ihr.

Ab. Barnabe sieht ihm nach, seufzt und geht ab.

Vierte Szene

*Eine andere Gegend im Gebirge.
Rupert und Santing, treten auf.*

SANTING.
Das soll gewöhnlich sein Spaziergang sein,
Sagt mir der Jäger. Selber hab ich ihn
Zweimal und sehr erhitzt, auf dieser Straße
Begegnet. Ist er im Gebirg, so ist's
Auch Agnes, und wir fangen beid zugleich.
RUPERT *setzt sich auf einen Stein.*
Es ist sehr heiß mir, und die Zunge trocken.
SANTING.
Der Wind geht kühl doch übers Feld.
RUPERT.
Ich glaub,
's ist innerlich.
SANTING.
Fühlst du nicht wohl dich?
RUPERT.
Nein.
Mich dürstet.
SANTING.
Komm an diesen Quell.
RUPERT.
Löscht er

Den Durst?
SANTING.
  Das Wasser mindestens ist klar,
  Daß du darin dich spiegeln könntest. Komm!
RUPERT *steht auf, geht zum Quell, neigt sich über ihn, und plötzlich mit der Bewegung des Abscheus wendet er sich.*
SANTING.
  Was fehlt dir?
RUPERT.
  Eines Teufels Antlitz sah
  Mich aus der Welle an.
SANTING *lachend.*
  Es war dein eignes.
RUPERT.
  Skorpion von einem Menschen.

Setzt sich wieder.

BARNABE *tritt auf.*
  Hier geht's nach Warwand doch, gestrenger Ritter?
SANTING.
  Was hast du denn zu tun dort, schönes Kind?
BARNABE.
  Bestellungen an Fräulein Agnes.
SANTING.
  So?
  Wenn sie so schön wie du, so möcht ich mit dir gehn.
  Was wirst du ihr denn sagen?
BARNABE.
  Sagen? Nichts,
  Ich führe sie bloß ins Gebirg.
SANTING.
  Heut noch?
BARNABE.
  Kennst du sie?
SANTING.
  Wen'ger noch, als dich,
  Und es betrübt mich wen'ger. – Also heute noch?

BARNABE.
Ja gleich. – Und bin ich auf dem rechten Weg?
SANTING.
Wer schickt dich denn?
BARNABE.
Wer? – Meine Mutter.
SANTING.
So?
Nun geh nur, geh auf diesem Wege fort,
Du kannst nicht fehlen.
BARNABE.
Gott behüte euch.

Ab.

SANTING.
Hast du's gehört Rupert? Sie kommt noch heut
In das Gebirg. Ich wett, das Mädchen war
Von Ottokar geschickt.
RUPERT *steht auf.*
So führ ein Gott,
So führ ein Teufel sie mir in die Schlingen,
Gleichviel! Sie haben mich zu einem Mörder
Gebrandmarkt boshaft, im voraus. – Wohlan,
So sollen sie denn recht gehabt auch haben.
– Weißt du den Ort, wo sie sich treffen?
SANTING.
Nein,
Wir müssen ihnen auf die Fährte gehn.
RUPERT.
So komm.

Beide ab.

Fünfte Szene

*Rossitz. Ein Gefängnis im Turm.
Die Tür öffnet sich, Fintenring tritt auf.*

OTTOKAR *noch draußen.*
 Mein Vater hat's befohlen?
FINTENRING.
 In der eigenen
 Person, du möchtest gleich bei deinem Eintritt
 Ins Tor uns folgen nur, wohin wir dich
 Zu führen haben. Komm, du alter Junge,
 Komm h'rein.
OTTOKAR.
 Hör, Fintenring, du bist mit deinem
 Satyrngesicht verdammt verdächtig mir.
 Nun, weil ich doch kein Mädchen, will ich's tun.

Er tritt auf, der Kerkermeister folgt ihm.

FINTENRING.
 Der Ort ist, siehst du, der unschuldigste.
 Denn hier auf diesen Quadersteinen müßt's
 Selbst einen Satyr frieren.
OTTOKAR.
 Statt der Rosen
 Will er mit Ketten mich und Banden mich
 Umwinden – denn die Grotte, merk ich wohl,
 Ist ein Gefängnis.
FINTENRING.
 Hör, das gibt vortreffliche
 Gedanken, morgen, wett ich, ist dein Geist
 Fünf Jahre älter, als dein Haupt.
OTTOKAR.
 Wär ich
 Wie du, ich nähm es an. Denn deiner straft
 Dein graues Haupt um dreißig Jahre Lügen.
 – Nun komm, ich muß zum Vater.

FINTENRING *tritt ihm in den Weg.*
 Nein, im Ernst,
 Bleib hier, und sei so lustig, wie du kannst.
OTTOKAR.
 Bei meinem Leben, ja, das bin ich nie
 Gewesen so wie jetzt, und möchte dir
 Die zähnelosen Lippen küssen, Alter.
 Du gehst auch gern nicht in den Krieg, nun höre,
 Sag deinem Weibe nur, ich bring den Frieden.
FINTENRING.
 Im Ernste?
OTTOKAR.
 Bei meinem Leben, ja.
FINTENRING.
 Nun morgen
 Mehr. Lebe wohl.

   Zum Kerkermeister.

 Verschließe hinter mir
 Sogleich die Türe.

   Zu Ottokar, da dieser ihm folgen will.

 Nein, bei meinem Eid
 Ich sag dir, auf Befehl des Vaters bist
 Du ein Gefangner.
OTTOKAR.
 Was sagst du?
FINTENRING.
 Ich soll
 Dir weiter gar nichts sagen, außer dies.
OTTOKAR.
 Nun?
FINTENRING.
 Ei, daß ich nichts sagen soll.
OTTOKAR.
 O bei
 Dem großen Gott des Himmels, sprechen muß
 Ich gleich ihn – eine Nachricht von dem höchsten

Gewicht, die keinen Aufschub duldet, muß
Ich mündlich gleich ihm hinterbringen.
FINTENRING.
So
Kannst du dich trösten mindestens, er ist
Mit Santing fort, es weiß kein Mensch wohin.
OTTOKAR.
Ich muß sogleich ihn suchen, laß mich. –
FINTENRING *tritt ihm in den Weg.*
Ei
Du scherzest wohl.
OTTOKAR.
Nein laß mich, nein, ich scherze
Bei meiner Ritterehre nicht mit deiner.
's ist plötzlich mir so ernst zu Mut geworden,
Als wäre ein Gewitter in der Luft.
Es hat die höchste Eil mit meiner Nachricht,
Und läßt du mich gutwillig nicht, so wahr
Ich leb, ich breche durch.
FINTENRING.
Durchbrechen, du? 190
Sprichst doch mit mir gleich wie mit einem Weibe!
Du bist mir anvertraut auf Haupt und Ehre,
Tritt mich mit Füßen erst, dann bist du frei.
– Nein, hör, ich wüßte was Gescheuteres.
Gedulde dich ein Stündchen, führ ich selbst
Sobald er rückkehrt deinen Vater zu dir.
OTTOKAR.
Sag mir um 's Himmels willen nur, was hab
Ich Böses denn getan?
FINTENRING.
Weiß nichts. – Noch mehr.
Ich schick dem Vater Boten nach, daß er
So früher heimkehrt.
OTTOKAR.
Nun denn, meinetwegen.
FINTENRING.
So lebe wohl.

Zum Kerkermeister.

Und du tust deine Pflicht.

Fintenring und der Kerkermeister ab; die Tür wird verschlossen.

OTTOKAR *sieht ihnen nach.*
   Ich hätte doch nicht bleiben sollen. – Gott
   Weiß, wann der Vater wiederkehrt. – Sie wollten
   Ihn freilich suchen. – Ach, es treibt der Geist
   Sie nicht, der alles leistet. – – Was zum Henker,
   Es geht ja nicht, ich muß hinaus, ich habe
   Ja Agnes ins Gebirg beschieden. – Fintenring!
   Fintenring!

   An die Türe klopfend.

Daß ein Donner, Tauber, das
Gehör dir öffnete! Fintenring! – – Schloß
Von einem Menschen, den kein Schlüssel schließt,
Als nur sein Herr. Dem dient er mit stockblinder
Dienstfertigkeit, und wenn sein Dienst auch zehnmal
Ihm Schaden bräch, doch dient er ihm. – Ich wollt
Ihn doch gewinnen, wenn er nur erschiene.
Denn nichts besticht ihn, außer daß man ihm
Das sagt. – – Zum mindsten wollt ich ihn doch eher
Gewinnen, als die tauben Wände! Himmel
Und Hölle! Daß ich einem Schäfer gleich
Mein Leid den Felsen klagen muß! – – So will
Ich mich, Geduld, an dir, du Weibertugend üben.
– 's ist eine schnöde Kunst, mit Anstand viel
Zu unterlassen – und ich merk es schon,
Es wird mehr Schweiß mir kosten, als das Tun.

   Er will sich setzen.

Horch! Horch! Es kommt.

   Der Kerkermeister öffnet Eustachen die Türe.

EUSTACHE *zu diesem.*
   Ich werd es dir vergelten.

OTTOKAR.
　Ach, Mutter!
EUSTACHE.
　Hör, mein Sohn, ich habe dir
　Entsetzliches zu sagen.
OTTOKAR.
　Du erschreckst mich –
　– Wie bist du so entstellt?
EUSTACHE.
　Das eine wirst
　Du wissen schon, Jerome ist erschlagen.
OTTOKAR.
　Jeronimus? O Gott des Himmels! Wer
　Hat das getan?
EUSTACHE.
　Das ist nicht alles. Rupert
　Kennt deine Liebe. –
OTTOKAR.
　Wie? Wer konnt ihm die
　Entdecken?
EUSTACHE.
　Frage nicht – o deine Mutter,
　Ich selbst. Jerome hat es mir vertraut,
　Mich riß ein übereilter Eifer hin,
　Der Wütrich, den ich niemals so gekannt –
OTTOKAR.
　Von wem sprichst du?
EUSTACHE.
　O Gott, von deinem Vater.
OTTOKAR.
　Noch faß ich dich nur halb – doch laß dir sagen
　Vor allen Dingen, alles ist gelöset,
　Das ganze Rätsel von dem Mord, die Männer,
　Die man bei Peters Leiche fand, sie haben
　Die Leiche selbst gefunden, ihr die Finger
　Aus Vorurteil nur abgeschnitten. – Kurz,
　Rein, wie die Sonne, ist Sylvester.

EUSTACHE.
O
Jesus! Und jetzt erschlägt er seine Tochter. –
OTTOKAR.
Wer?
EUSTACHE.
Rupert. Wenn sie in dem Gebirge jetzt,
Ist sie verloren, er und Santing sucht sie.
OTTOKAR *eilt zur Türe.*
Fintenring! Fintenring! Fintenring!
EUSTACHE.
Höre
Mich an, er darf dich nicht befrein, sein Haupt
Steht drauf. –
OTTOKAR.
Er oder ich. – Fintenring!

Er sieht sich um.

Nun
So helfe mir die Mutter Gottes denn. –

Er hängt einen Mantel um, der auf dem Boden lag.

Und dieser Mantel bette meinem Fall.

Er klettert in ein unvergittert Fenster.

EUSTACHE.
Um Gotteswillen, springen willst du doch
Von diesem Turm nicht? Rasender! Der Turm
Ist funfzig Fuß hoch, und der ganze Boden
Gepflastert. – Ottokar! Ottokar!
OTTOKAR *von oben.*
Mutter! Mutter! Sei wenn ich gesprungen
Nur still, hörst du? Ganz still, sonst fangen sie
Mich.
EUSTACHE *sinkt auf die Knie.*
Ottokar! Auf meinen Knien bitte,
Beschwör ich dich, geh so verächtlich nicht
Mit deinem Leben um, spring nicht vom Turm. –

OTTOKAR.
Das Leben ist viel wert, wenn man's verachtet.
Ich brauch's. – Leb wohl.

Er springt.

EUSTACHE *steht auf.*
Zu Hülfe! Hülfe! Hülfe!

Der Vorhang fällt.

Fünfter Aufzug

Erste Szene

Das Innere einer Höhle. Es wird Nacht, Agnes mit einem Hute, in zwei Kleidern. Das Überkleid ist vorne mit Schleifen zugebunden. Barnabe. Beide stehen schüchtern an einer Seite des Vordergrundes.

AGNES.
 Hättst du mir früher das gesagt! Ich fühle
 Mich sehr beängstigt, möchte lieber, daß
 Ich nicht gefolgt dir wäre. – Geh noch einmal
 Hinaus, du Liebe, vor den Eingang, sieh,
 Ob niemand sich der Höhle nähert.
BARNABE *die in den Hintergrund gegangen ist.*
 Von
 Den beiden Rittern seh ich nichts.
AGNES *mit einem Seufzer.*
 Ach Gott!
 Hab Dank für deine Nachricht.
BARNABE.
 Aber von
 Dem schönen Jüngling seh ich auch nichts.
AGNES.
 Siehst
 Du wirklich nichts? Du kennst ihn doch?
BARNABE.
 Wie mich.
AGNES.
 So sieh nur scharf hin auf den Weg.
BARNABE.
 Es wird
 Sehr finster schon im Tal, aus allen Häusern
 Seh ich schon Lichter schimmern und Kamine.
AGNES.
 Die Lichter schon? So ist's mir unbegreiflich.

BARNABE.
Wenn einer käm, ich könnt es hören, so
Geheimnis-still geht's um die Höhen.
AGNES.
Ach, nun ist's doch umsonst. Ich will nur lieber
Heimkehren. Komm. Begleite mich.
BARNABE.
Still! Still!
Ich hör ein Rauschen – wieder. – – Ach, es war
Ein Windstoß, der vom Wasserfalle kam.
AGNES.
War's auch gewiß vom Wasserfalle nur?
BARNABE.
Da regt sich etwas Dunkles doch im Nebel. –
AGNES.
Ist's einer? Sind es zwei?
BARNABE.
Ich kann es nicht
Genau erkennen. Aber menschliche
Gestalten sind es – – Ah!

Beide Mädchen fahren zurück. Ottokar tritt auf, und fliegt in Agnes' Arme.

OTTOKAR.
O Dank, Gott! Dank für deiner Engel Obhut!
So lebst du Mädchen?
AGNES.
Ob ich lebe?
OTTOKAR.
Zittre
Doch nicht, bin ich nicht Ottokar?
AGNES.
Es ist
So seltsam alles heute mir verdächtig,
Der fremde Bote, dann dein spät Erscheinen,
Nun diese Frage. – Auch die beiden Ritter,
Die schon den ganzen Tag um diese Höhle
Geschlichen sind.

OTTOKAR.
 Zwei Ritter?
AGNES.
 Die sogar
 Nach mir gefragt.
OTTOKAR.
 Gefragt? Und wen?
AGNES.
 Dies Mädchen,
 Die es gestanden, daß sie ins Gebirg
 Mich rufe.
OTTOKAR *zu Barnabe.*
 Unglückliche!
AGNES.
 Was sind denn das
 Für Ritter?
OTTOKAR *zu Barnabe.*
 Wissen sie, daß Agnes hier
 In dieser Höhle?
BARNABE.
 Das hab ich nicht gestanden.
AGNES.
 Du scheinst beängstigt, Ottokar, ich werd
 Es doppelt. Kennst du denn die Ritter?
OTTOKAR *steht in Gedanken.*
AGNES.
 Sind sie –
 – Sie sind doch nicht aus Rossitz? Sind doch nicht
 Geschickt nach mir? Sind keine Mörder doch?
OTTOKAR *mit einem plötzlich heitern Spiel.*
 Du weißt ja, alles ist gelöst, das ganze
 Geheimnis klar, dein Vater ist unschuldig. –
AGNES.
 So wär es wahr – ?
OTTOKAR.
 Bei diesem Mädchen fand
 Ich Peters Finger, Peter ist ertrunken,
 Ermordet nicht. – Doch künftig mehr. Laß uns

Die schöne Stunde innig fassen. Möge
Die Trauer schwatzen, und die Langeweile,
Das Glück ist stumm.

Er drückt sie an seine Brust.

Wir machen diese Nacht
Zu einem Fest der Liebe, willst du? Komm.

Er zieht sie auf einen Sitz.

In kurzem, ist der Irrtum aufgedeckt,
Sind nur die Väter erst versöhnt, darf ich
Dich öffentlich als meine Braut begrüßen.
– Mit diesem Kuß verlobe ich mich dir.

Er steht auf, zu Barnabe heimlich.

Du stellst dich an den Eingang, hörst du? Siehst
Du irgend jemand nahen, so rufst du gleich.
Noch eins. Wir werden hier die Kleider wechseln,
In einer Viertelstunde führst du Agnes
In Männerkleidern heim. Und sollte man
Uns überraschen, tust du's gleich. – Nun geh.

Barnabe geht in den Hintergrund. Ottokar kehrt zu Agnes zurück.

AGNES.
 Wo geht das Mädchen hin?
OTTOKAR *setzt sich.*
 Ach! Agnes! Agnes!
 Welch eine Zukunft öffnet ihre Pforte!
 Du wirst mein Weib, mein Weib! weißt du denn auch
 Wie groß das Maß von Glück?
AGNES *lächelnd.*
 Du wirst es lehren.
OTTOKAR.
 Ich werd es! O du Glückliche! Der Tag,
 Die Nacht vielmehr ist nicht mehr fern. Es kommt, du weißt,
 Den Liebenden das Licht nur in der Nacht.
 Errötest du?

AGNES.
So wenig schützt das Dunkel?
OTTOKAR.
Nur vor dem Auge, Törin, doch ich seh's
Mit meiner Wange, daß du glühst. – Ach, Agnes!
Wenn erst das Wort gesprochen ist, das dein
Gefühl, jetzt eine Sünde, heiligt – – Erst
Im Schwarm der Gäste, die mit Blicken uns
Wie Wespen folgen, tret ich zu dir, sprichst
Du zwei beklemmte Worte, wendest dann
Viel schwatzend zu dem Nachbar dich. Ich zürne
Der Spröden nicht, ich weiß es besser wohl.
Denn wenn ein Gast, der von dem Feste scheidet,
Die Türe zuschließt, fliegt, wo du auch seist,
Ein Blick zu mir herüber, der mich tröstet.
Wenn dann der letzte auch geschieden, nur
Die Väter und die Mütter noch beisammen –
– »Nun, gute Nacht, ihr Kinder!« – Lächelnd küssen
Sie dich, und küssen mich – wir wenden uns,
Und eine ganze Dienerschaft mit Kerzen
Will folgen. »Eine Kerze ist genug,
Ihr Leute«, ruf ich, und die nehm ich selber,
Ergreife deine, diese Hand,

Er küßt sie.

– Und langsam steigen wir die Treppe, stumm,
Als wär uns kein Gedanke in der Brust,
Daß nur das Rauschen sich von deinem Kleide,
Noch in den weiten Hallen hören läßt.
Dann – – Schläfst du, Agnes?
AGNES.
– Schlafen?
OTTOKAR.
Weil du plötzlich
So still – Nun weiter. Leise öffne ich
Die Türe, schließe leise sie, als wär
Es mir verboten. Denn es schauert stets
Der Mensch, wo man als Kind es ihm gelehrt.

Wir setzen uns. Ich ziehe sanft dich nieder,
Mit meinen Armen stark umspann ich dich,
Und alle Liebe sprech ich aus mit *einem*,
Mit diesem Kuß.

Er geht schnell in den Hintergrund; zu Barnabe heimlich.

So sahst du niemand noch?
BARNABE.
Es schien mir kürzlich fast, als schlichen zwei
Gestalten um den Berg.

Ottokar kehrt schnell zurück.

AGNES.
Was sprichst du denn
Mit jenem Mädchen stets?
OTTOKAR *hat sich wieder gesetzt.*
Wo blieb ich stehen?
Ja, bei dem Kuß. – Dann kühner wird die Liebe,
Und weil du mein bist – bist du denn nicht mein?
So nehm ich dir den Hut vom Haupte,

Er tut's.

störe
Der Locken steife Ordnung,

Er tut's.

drücke kühn
Das Tuch hinweg,

Er tut's.

du lispelst leis: o lösche
Das Licht! Und plötzlich, tief verhüllend, webt
Die Nacht den Schleier um die heil'ge Liebe,
Wie jetzt.
BARNABE *aus dem Hintergrunde.*
O Ritter! Ritter!
AGNES *sieht sich ängstlich um.*

OTTOKAR *fällt ihr ins Wort.*
    Nun entwallt
    Gleich einem frühling-angeschwellten Strom
    Die Regung ohne Maß und Ordnung – schnell
    Lös ich die Schleife, schnell noch eine,

                    Er tut's.
    streife dann
    Die fremde Hülle leicht dir ab.
                    Er tut's.
AGNES.
    O Ottokar,
    Was machst du?
                Sie fällt ihm um den Hals.
OTTOKAR *an dem Überkleide beschäftigt.*
    Ein Gehülfe der Natur
    Stell ich sie wieder her. Denn wozu noch
    Das Unergründliche geheimnisvoll
    Verschleiern? Alles Schöne, liebe Agnes,
    Braucht keinen andern Schleier, als den eignen,
    Denn der ist freilich selbst die Schönheit.
BARNABE.
    Ritter! Ritter!
    Geschwind!
OTTOKAR *schnell auf, zu Barnabe.*
    Was gibt's?
BARNABE.
    Der eine ging zweimal
    Ganz nah vorbei, ganz langsam.
OTTOKAR.
    Hat er dich gesehn?
BARNABE.
    Ich fürcht es fast.
            Ottokar kehrt zurück.

AGNES *die aufgestanden ist.*
Was rief das Mädchen denn
So ängstlich?
OTTOKAR.
Es ist nichts.
AGNES.
Es *ist* etwas.
OTTOKAR.
Zwei Bauern ja, sie irrten sich. – Du frierst,
Nimm diesen Mantel um.

Er hängt ihr seinen Mantel um.

AGNES.
Du bist ja seltsam.
OTTOKAR.
So, so. Nun setze dich.
AGNES *setzt sich.*
Ich möchte lieber gehn.
OTTOKAR *der vor ihr steht.*
Wer würde glauben, daß der grobe Mantel
So Zartes deckte, als ein Mädchenleib!
Drück ich dir noch den Helm auf deine Locken,
Mach ich auch Weiber mir zu Nebenbuhlern.
BARNABE *kommt zurück, eilig.*
Sie kommen! Ritter! Sie kommen!

Ottokar wirft schnell Agnes' Oberkleid über, und setzt ihren Hut auf.

AGNES.
Wer soll denn kommen? – Ottokar, was machst du?
OTTOKAR *im Ankleiden beschäftigt.*
Mein Vater kommt. –
AGNES.
O Jesus!

Will sinken.

OTTOKAR *faßt sie.*
Ruhig. Niemand

Fügt dir ein Leid, wenn ohn ein Wort zu reden,
Du dreist und kühn in deiner Männertracht
Hinaus zur Höhle gehst. Ich bleibe. – Nein,
Erwidre nichts, ich bleib. Es ist nur für
Den ersten Anfall.

Rupert und Santing erscheinen.

Sprecht kein Wort und geht sogleich.

Die Mädchen gehen.

RUPERT *tritt Agnes in den Weg.*
 Wer bist du? Rede!
OTTOKAR *tritt vor, mit verstellter Stimme.*
 Sucht ihr Agnes? Hier bin ich.
 Wenn ihr aus Warwand seid, so führt mich heim.
RUPERT *während die Mädchen nun abgehen.*
 Ich fördre dein Gespenst zu deinem Vater!

Er ersticht Ottokar, der fällt ohne Laut.
Pause.

RUPERT *betrachtet starr die Leiche.*
 Santing! Santing! – Ich glaube, sie ist tot.
SANTING.
 Die Schlange hat ein zähes Leben. Doch
 Beschwör ich's fast. Das Schwert steckt ihr im Busen.
RUPERT *fährt sich mit der Hand übers Gesicht.*
 Warum denn tat ich's, Santing? Kann ich es
 Doch gar nicht finden im Gedächtnis. –
SANTING.
 Ei,
 Es ist ja Agnes.
RUPERT.
 Agnes, ja, ganz recht,
 Die tat mir Böses, mir viel Böses, o
 Ich weiß es wohl. – – Was war es schon?
SANTING.
 Ich weiß
 Nicht, wie du's meinst. Das Mädchen selber hat

Nichts Böses dir getan.
RUPERT.
Nichts Böses? Santing!
Warum denn hätt ich sie gemordet? Sage
Mir schnell, ich bitte dich, womit sie mich
Beleidigt, sag's recht hämisch – Basiliske,
Sieh mich nicht an, sprich, Teufel, sprich, und weißt
Du nichts, so lüg es!
SANTING.
Bist du denn verrückt?
Das Mädchen ist Sylvesters Tochter.
RUPERT.
So,
Sylvesters. – Ja, Sylvesters, der mir Petern
Ermordet hat. –
SANTING.
Den Herold und Johann.
RUPERT.
Johann, ganz recht, und der mich so infam
Belogen hat, daß ich es werden mußte.

Er zieht das Schwert aus dem Busen Ottokars.

Rechtmäßig war's –
Gezücht der Otter!

Er stößt den Körper mit dem Fuße.

SANTING *an dem Eingang.*
Welch eine seltsame Erscheinung, Herr!
Ein Zug mit Fackeln, gleich dem Jägerheer,
Zieht still von Warwand an den Höhn herab.
RUPERT.
Sie sind, wie's scheint, nach Rossitz auf dem Wege.
SANTING.
Das Ding ist sehr verdächtig.
RUPERT.
Denkst du an
Sylvester?

SANTING.
Herr, ich gebe keine Nuß
Für eine andre Meinung. Laß uns schnell
Heimkehren, in zwei Augenblicken wär's
Nicht möglich mehr.
RUPERT.
Wenn Ottokar nur ihnen
Nicht in die Hände fällt. – Ging er nicht aus
Der Höhle, als wir kamen?
SANTING.
Und vermutlich
Nach Haus; so finden wir ihn auf dem Wege. Komm!

Beide ab.
Agnes und Barnabe lassen sich am Eingange sehen.

AGNES.
Die Schreckensnacht! Entsetzlich ist der Anblick!
Ein Leichenzug mit Kerzen, wie ein Traum
Im Fieber! Weit das ganze Tal erleuchtet
Vom blutig-roten Licht der Fackeln. Jetzt
Durch dieses Heer von Geistern geh ich nicht
Zu Hause. Wenn die Höhle leer ist, wie
Du sagst –
BARNABE.
Soeben gingen die zwei Ritter
Heraus.
AGNES.
So wäre Ottokar noch hier?
Ottokar! – – Ottokar!
OTTOKAR *mit matter Stimme.*
Agnes!
AGNES.
Wo bist du? – Ein Schwert – im Busen – Heiland!
Heiland der Welt! Mein Ottokar!

Sie fällt über ihn.

OTTOKAR.
Es ist –
Gelungen. – Flieh!

Er stirbt.

BARNABE.
O Jammer! Gott des Himmels!
Mein Fräulein! Sie ist sinnlos! Keine Hülfe!
Ermanne dich, mein Fräulein! – Gott! Die Fackeln!
Sie nahen! Fort, Unglückliche! Entflieh!

Ab.
Sylvester und Theistiner treten auf; eine Fackel folgt.

SYLVESTER.
Der Zug soll halten!

Zu Theistiner.

Ist es diese Höhle?
THEISTINER.
Ja, Herr, von dieser sprach Johann, und darf
Man seiner Rede traun, so finden wir
Am sichersten das Fräulein hier.
SYLVESTER.
Die Fackel vor!
THEISTINER.
Wenn ich nicht irre, seh ich Ottokar –
Dort liegt auch Agnes!
SYLVESTER.
Am Boden! Gott der Welt!
Ein Schwert im Busen meiner Agnes!
AGNES *richtet sich auf.*
Wer ruft?
SYLVESTER.
Die Hölle ruft dich, Mörder!

Er ersticht sie.

AGNES.
Ach!

Sie stirbt.
Sylvester läßt sich auf ein Knie neben der Leiche Ottokars nieder.

THEISTINER *nach einer Pause.*
  Mein bester Herr, verweile nicht in diesem
  Verderblich dumpfen Schmerz! Erhebe dich!
  Wir brauchen Kraft, und einem Kinderlosen
  Zerreißt der Schreckensanblick das Gebein.
SYLVESTER.
  Laß einen Augenblick mich ruhn. Es regt
  Sich sehr gewaltig die Natur im Menschen,
  Und will, daß man, gleich einem einz'gen Gotte,
  Ihr einzig diene, wo sie uns erscheint.
  Mich hat ein großer Sturm gefaßt, er beugt
  Mein wankend Leben tief zur Gruft. Wenn es
  Nicht reißt, so steh ich schrecklich wieder auf,
  Ist der gewaltsam erste Anfall nur
  Vorüber.
THEISTINER.
  Doch das Zögern ist uns sehr
  Gefährlich - - Komm! Ergreif den Augenblick!
  Er wird so günstig niemals wiederkehren.
  Gebeut die Rache und wir wettern wie
  Die Würgeengel über Rossitz hin!
SYLVESTER.
  Des Lebens Güter sind in weiter Ferne,
  Wenn ein Verlust so nah, wie diese Leiche,
  Und niemals ein Gewinst kann mir ersetzen,
  Was mir auf dieser Nummer fehlgeschlagen.
  Sie blühte wie die Ernte meines Lebens,
  Die nun ein frecher Fußtritt mir zertreten,
  Und darben werd ich jetzt, von fremden Müttern
  Ein fremdes Kind zum Almos mir erflehen.
THEISTINER.
  Sylvester, hör mich! Säume länger nicht!
SYLVESTER.
  Ja, du hast recht! es bleibt die ganze Zukunft
  Der Trauer, dieser Augenblick gehört

Der Rache. Einmal doch in meinem Leben
Dürst ich nach Blut, und kostbar ist die Stimmung.
Komm schnell zum Zuge.

Man hört draußen ein Geschrei: Holla! Herein! Holla!

THEISTINER.
Was bedeutet das?

Rupert und Santing werden von Rittern Sylvesters gefangen aufgeführt.

EIN RITTER.
Ein guter Fund, Sylvester! Diese saubern
Zwei Herren, im Gesträuche hat ein Knappe,
Der von dem Pferd gestiegen, sie gefunden.
THEISTINER.
Sylvester! Hilf mir sehn, ich bitte dich!
Er ist's! Leibhaftig! Rupert! Und der Santing.
SYLVESTER *zieht sein Schwert.*
Rupert!
THEISTINER.
Sein Teufel ist ein Beutelschneider,
Und führt in eigener Person den Sünder
In seiner Henker Hände.
SYLVESTER.
O gefangen!
Warum gefangen? Gott der Gerechtigkeit!
Sprich deutlich mit dem Menschen, daß er's weiß
Auch, was er soll!
RUPERT *erblickt Agnes' Leiche.*
Mein Sohn! Mein Sohn! Ermordet!
Zu meinem Sohne laßt mich, meinem Sohne!

Er will sich losreißen, die Ritter halten ihn.

SYLVESTER.
Er trägt sein eigen schneidend Schwert im Busen

Er steckt ein.

Laßt ihn zu seinem Sohne.
RUPERT *stürzt über Agnes' Leichnam hin.*
Ottokar!
GERTRUDE *tritt auf.*
Ein Reuter flog durch Warwand, schreiend, Agnes
Sei tot gefunden in der Höhle. Ritter,
Ihr Männer! Ist es wahr? Wo ist sie? Wo?
Sie stürzt über Ottokars Leichnam.
O heil'ge Mutter Gottes! O mein Kind!
Du Leben meines Lebens!
EUSTACHE *tritt auf.*
Seid ihr Männer,
So laßt ein Weib unangerührt hindurch,
Gebeut's, Sylvester, ich, die Mutter des
Erschlagnen, will zu meines Sohnes Leiche.
SYLVESTER.
Der Schmerz ist frei. Geh hin zu deinem Sohn.
EUSTACHE.
Wo ist er? – Jesus! Deine Tochter auch? –
Sie sind vermählt.

Sylvester wendet sich. Eustache läßt sich auf ein Knie vor Agnes'
Leiche nieder.
Sylvius, von Johann geführt, treten auf. Der letzte mit Zeichen der
Verrückung.

SYLVIUS.
Wohin führst du mich, Knabe?
JOHANN.
Ins Elend, Alter, denn ich bin die Torheit.
Sei nur getrost! Es ist der rechte Weg.
SYLVIUS.
Weh! Weh! Im Wald die Blindheit, und ihr Hüter
Der Wahnsinn! Führe heim mich, Knabe, heim!
JOHANN.
Ins Glück? Es geht nicht, Alter. 's ist inwendig
Verriegelt. Komm. Wir müssen vorwärts.

SYLVIUS.
　Müssen wir?
　So mögen sich die Himmlischen erbarmen.
　Wohlan. Ich folge dir.
JOHANN.
　Heißa lustig!
　Wir sind am Ziele.
SYLVIUS.
　Am Ziele schon? Bei meinem
　Erschlagnen Kindeskind? Wo ist's?
JOHANN.
　Wär ich blind,
　Ich könnt es riechen, denn die Leiche stinkt schon.
　Wir wollen uns dran niedersetzen, komm,
　Wie Geier ums Aas.

　　　　　Er setzt sich bei Ottokars Leiche.

SYLVIUS.
　Er raset. Weh! Hört denn
　Kein menschlich Ohr den Jammer eines Greises,
　Der blind in pfadelosen Wäldern irrt?
JOHANN.
　Sei mir nicht bös, ich mein es gut mit dir.
　Gib deine Hand, ich führe dich zu Agnes.
SYLVIUS.
　Ist es noch weit?
JOHANN.
　Ein Pfeilschuß. Beuge dich.
SYLVIUS *indem er die Leiche betastet.*
　Ein Schwert – im Busen – einer Leiche. –
JOHANN.
　Höre, Alter,
　Das nenn ich schauerlich. Das Mädchen war
　So gut, und o so schön.
SYLVIUS.
　Das ist nicht Agnes!
　– Das wäre Agnes, Knabe? Agnes' Kleid,
　Nicht Agnes! Nein bei meinem ew'gen Leben,

Das ist nicht Agnes!
JOHANN *die Leiche betastend.*
Ah! Der Skorpion!
's ist Ottokar!
SYLVESTER.
Ottokar!
GERTRUDE.
So wahr ich Mutter, das ist meine Tochter
Nicht.

Sie steht auf.

SYLVESTER.
Fackeln her! – Nein, wahrlich, nein! Das ist
Nicht Agnes!
EUSTACHE *die herbeigeeilt.*
Agnes! Ottokar! Was soll
Ich glauben –? O ich Unheilsmutter! Doppelt
Die Leiche meines Sohnes! Ottokar!
SYLVESTER.
Dein Sohn in meiner Agnes Kleidern?
Wer denn ist die Leiche in der Männertracht?
Ist es denn – Nein, es ist doch nicht – ?
SYLVIUS.
Sylvester!
Wo ist denn Agnes' Leiche? Führ mich zu ihr.
SYLVESTER.
Unglücklicher! Sie ist ja nicht ermordet?
JOHANN.
Das ist ein Narr. Komm, Alter, komm. Dort ist
Noch eine Leich, ich hoffe, die wird's sein.
SYLVIUS.
Noch eine Leiche? Knabe! Sind wir denn
In einem Beinhaus?
JOHANN.
Lustig, Alter!
Sie ist's! 's ist Agnes!
SYLVESTER *bedeckt sich das Gesicht.*
Agnes!

JOHANN.
 Faß ihr ins Gesicht,
 Es muß wie fliegender Sommer sein.

> *Zu Rupert.*

 Du Scheusal! Fort!
RUPERT *richtet sich halb auf.*
 Bleibt fern, ich bitt euch. – Sehr gefährlich ist's,
 Der Ohnmacht eines Rasenden zu spotten.
 Ist er in Fesseln gleich geschlagen, kann
 Er euch den Speichel noch ins Antlitz spein,
 Der seine Pest euch einimpft. Geht, und laßt
 Die Leiche mindestens mir von Ottokar.
JOHANN.
 Du toller Hund! Geh gleich fort! Ottokar
 Ist dort – komm, Alter, glaub mir, hier ist Agnes.
SYLVIUS.
 O meine Agnes! O mein Kindeskind!
EUSTACHE.
 O meine Tochter! Welch ein Irrtum! Gott!
RUPERT *sieht Agnes' Leiche genauer an, steht auf, geht schnell zur Leiche Ottokars, und wendet sich mit Bewegung des Entsetzens.*
 Höllisch Gesicht! Was äffst du mich?

> *Er sieht die Leiche wieder an.*

 Ein Teufel
 Blöckt mir die Zung heraus.

Er sieht sie wieder an und fährt mit den Händen in seinen Haaren.

 Ich selbst! Ich selbst!
 Zweimal die Brust durchbohrt! Zweimal die Brust.
URSULA *tritt auf.*
 Hier *ist* der Kindesfinger!

> *Sie wirft einen Kindesfinger in die Mitte der Bühne und verschwindet.*

ALLE.
 Was war das? Welche seltsame Erscheinung?

EUSTACHE.
 Ein Kindesfinger?

> *Sie sucht ihn auf.*

RUPERT.
 Fehlte Petern nicht
 Der kleine Finger an der linken Hand?
SYLVESTER.
 Dem Peter? Dem erschlagnen Knaben? Fangt
 Das Weib mir, führet mir das Weib zurück!

> *Einige Ritter ab.*

EUSTACHE.
 Wenn eine Mutter kennt, was sie gebar,
 So ist es Peters Finger.
RUPERT.
 Peters Finger?
EUSTACHE.
 Er ist's! Er ist's! An dieser Blatternarbe,
 Der einzigen auf seinem ganzen Leib,
 Erkenn ich es! Er ist es!
RUPERT.
 Unbegreiflich!
URSULA *wird aufgeführt.*
 Gnade! Gnade! Gnade!
SYLVESTER.
 Wie kamst du, Weib, zu diesem Finger?
URSULA.
 Gnade!
 Das Kind, dem ich ihn abgeschnitten, ist
 Ermordet nicht, war ein ertrunkenes,
 Das ich selbst leblos fand.
RUPERT.
 Ertrunken?
SYLVESTER.
 Und warum schnittst du ihm den Finger ab?
URSULA.
 Ich wollt ihn unter meine Schwelle legen,

Er wehrt dem Teufel. Gnade! Wenn's dein Sohn ist,
Wie meine Tochter sagt, ich wußt es nicht.
RUPERT.
Dich fand ich aber bei der Leiche nicht.
Ich fand zwei Reisige aus Warwand.
URSULA.
Die kamen später zu dem Kind als ich,
Ihm auch den rechten Finger abzulösen.

Rupert bedeckt sich das Gesicht.

JOHANN *tritt vor Ursula.*
Was willst du, alte Hexe?
URSULA.
's ist abgetan, mein Püppchen.
Wenn ihr euch totschlagt, ist es ein Versehen.
JOHANN.
Versehen? Ein Versehen? Schade! Schade!
Die arme Agnes! Und der Ottokar!
RUPERT.
Johann! Mein Knäblein! Schweige still, dein Wort
Ist schneidend wie ein Messer.
JOHANN.
Seid nicht böse.
Papa hat es nicht gern getan, Papa
Wird es nicht mehr tun. Seid nicht böse.
RUPERT.
Sylvester! Dir hab ich ein Kind genommen,
Und biete einen Freund dir zum Ersatz.

Pause.

Sylvester! Selbst bin ich ein Kinderloser!

Pause.

Sylvester! Deines Kindes Blut komm über
Mich – kannst du besser nicht verzeihn, als ich?

Sylvester reicht ihm mit abgewandtem Gesicht die Hand; Eustache und Gertrude umarmen sich.

JOHANN.
Bringt Wein her! Lustig! Wein! Das ist ein Spaß zum
Totlachen! Wein! Der Teufel hatt im Schlaf die beiden
Mit Kohlen die Gesichter angeschmiert,
Nun kennen sie sich wieder. Schurken! Wein!
Wir wollen eins drauf trinken!
URSULA.
Gott sei Dank!
So seid ihr nun versöhnt.
RUPERT.
Du hast den Knoten
Geschürzt, du hast ihn auch gelöst. Tritt ab.
JOHANN.
Geh, alte Hexe, geh. Du spielst gut aus der Tasche,
Ich bin zufrieden mit dem Kunststück. Geh.

Der Vorhang fällt.

Biographie

1777 *18. Oktober:* Bernd Wilhelm Heinrich von Kleist wird in Frankfurt an der Oder als Sohn des preußischen Offiziers Joachim Friedrich von Kleist und seiner zweiten Frau Juliane Ulrike, geb. von Pannwitz, geboren.

1788 *Juni:* Tod des Vaters.
Kleist wird von dem Prediger und Übersetzer Samuel Henri Catel in Berlin unterrichtet (bis 1792).

1792 *Juni:* Kleist tritt als Gefreiter-Korporal in das Garderegiment Potsdam ein.

1793 *Februar:* Tod der Mutter.
März: Kleist nimmt als Soldat am Rheinfeldzug der feudalen Koalition gegen die französische Republik teil (bis 1795).

1795 *Juni:* Nach dem Baseler Sonderfrieden zwischen Preußen und Frankreich kehrt Kleist nach Potsdam zurück.

1797 *März:* Kleist wird zum Leutnant befördert.
Beginn der lebenslangen Freundschaft mit Ernst von Pfuel. Zusammen mit dem Freund J. J. Otto August Rühle von Lilienstern unternimmt Kleist eine Reise in den Harz.
Kleist beginnt mit autodidaktischen Studien in Mathematik, Philosophie und Musik und beschäftigt sich intensiv mit den Schriften Christoph Martin Wielands.
Freundschaft mit der Cousine Marie von Kleist und der zum Hofadel gehörenden Adolphine von Werdeck. Schwärmerische Liebe zu Luise von Linckersdorf.

1799 *April:* Abschied vom Militär
Kleist immatrikuliert sich an der Universität in Frankfurt an der Oder zum Studium der Rechtswissenschaften, nebenbei besucht er Vorlesungen in den Fächern Philosophie, Mathematik und Physik.
Freundschaft und Verlobung mit Wilhelmine von Zenge, der Tochter des Ortskommandanten.

1800 *August:* Kleist bricht das Studium ab und kehrt nach Berlin zurück.
Würzburger Reise mit dem Freund Brockes.
Es entsteht ein Entwurf der Tragödie »Familie Ghonorez«,

die später unter dem Titel »Familie Schroffenstein« veröffentlicht wird.
Plan zum Drama »Penthesilea«.
Kleist liest Jean-Jacques Rousseaus pädagogischen Roman »Emile oder über die Erziehung« sowie Schillers »Don Carlos, Infant von Spanien« und »Wallenstein«.
November: Er erhält eine Anstellung als Volontär im preußischen Wirtschaftsministerium in Berlin.

1801 *März:* Die Lektüre von Kants Schriften »Kritik der reinen Vernunft« und »Kritik der Urteilskraft« löst eine schwere Krise aus.
April: Kleist reist mit seiner Schwester Ulrike über Dresden (Freundschaft mit den Schlieben-Schwestern), Halberstadt (Besuch bei Johann Wilhelm Ludwig Gleim), Göttingen, Mainz und Straßburg nach Paris.
Juli-November: Aufenthalt in Paris.
Die erste Fassung der Erzählung »Die Verlobung in San Domingo« entsteht (gedruckt 1811 im 2. Band der »Erzählungen«).
November: Rückreise nach Frankfurt am Main.
Reise in die Schweiz.
Umgang mit Heinrich Zschokke, Johann Daniel Falk, Heinrich Geßner und Ludwig Wieland, dem Sohn Christoph Martin Wielands.

1802 *Februar:* Kleist bezieht eine Wohnung auf einer Aare-Insel bei Thun.
Arbeit an den Dramen »Der zerbrochene Krug« und »Robert Guiskard, Herzog der Nordmänner« (erscheint 1808 in der Zeitschrift »Phöbus«).
Fertigstellung der Tragödie »Familie Schroffenstein«.
Mai: Bruch mit Wilhelmine von Zenge.
Juli: Rückkehr nach Bern.
Kleist liest Freunden sein Erstlingsdrama »Die Familie Schroffenstein« vor; die pessimistische Tragödie erntet im fünften Akt stürmisches Gelächter.
Juli/August: Schwere Krankheit Kleists.
Oktober: Reise nach Weimar zusammen mit der Schwester Ulrike und Ludwig Wieland.

1803 *Januar-März:* Aufenthalt auf dem Gut Oßmannstedt von Christoph Martin Wieland in der Nähe von Weimar.
Luise, die dreizehnjährige Tochter Wielands, verliebt sich in Kleist.
Kleist liest das Fragment »Robert Guiskard, Herzog der Nordmänner« vor und empfängt großes Lob von Wieland.
»Die Familie Schroffenstein« erscheint.
Reise nach Leipzig und Dresden, wo er Umgang mit Henriette von Schlieben pflegt.
Selbstmordpläne.
Juli: Reise nach Bern, Mailand, Genf und Paris.
Mit dem Plan, in die französische Armee einzutreten, reist Kleist weiter nach Boulogne-sur-Mer.
Körperlicher und seelischer Zusammenbruch nach seiner Rückkehr nach Paris.
November: Kleist kehrt nach Deutschland zurück.

1804 *Januar-Juni:* Aufenthalt in Mainz, wo er von dem Arzt und Schriftsteller Georg Wedekind behandelt wird.
Kleists Tragödie »Die Familie Schroffenstein« wird am Nationaltheater in Graz uraufgeführt.
Juni: Rückkehr nach Berlin.
Kleist erhält eine Audienz bei dem Adjutanten von Köckeritz im Charlottenburger Schloss, wo er sich um eine staatliche Anstellung bemüht.
September: Wiedereintritt in den preußischen Staatsdienst.

1805 Kleist arbeitet im preußischen Finanzministerium.
Mit dem Lustspiel »Der zerbrochene Krug« stellt er ein weiteres Drama fertig.
Mai: Kleist erhält eine Anstellung in Königsberg als Diätar der Domänenkammer.
Er beginnt ein Studium der Kameralwissenschaft an der Universität Königsberg bei Christian Jakob Kraus. Das Interesse für politische Ökonomie veranlasst ihn zur Lektüre der Abhandlung »Untersuchung über die Natur und die Ursachen des Nationalreichtums« (1776) von Adam Smith.
Wiedersehen mit Wilhelmine von Zenge. Kleist arbeitet an den Erzählungen »Michael Kohlhaas« und »Die Marquise von O...« sowie an den Dramen »Penthesilea« und »Amphitryon«.

1806 *August:* Kleist erhält Krankenurlaub und geht fünf Wochen zur Kur nach Pillau.
Endgültige Aufgabe der Beamtenlaufbahn.

1807 *Januar:* Kleists Versuch, nach Berlin zurückzukehren, wird durch den militärischen Zusammenbruch Preußens im Oktober 1806 erschwert.
Februar: Kleist gerät in französische Gefangenschaft.
März: Ankunft in Fort de Joux.
April: Kleist wird im Kriegsgefangenenlager Chálons-sur-Marne interniert.
»Amphitryon, ein Lustspiel nach Molière« erscheint.
Goethe lehnt die Verquickung des Christlich-Mystischen mit dem Antiken und Komischen in »Amphitryon« ab.
Juli: Kleist wird aus der Gefangenschaft entlassen und tritt die Rückreise nach Deutschland an.
August: Nach kurzem Aufenthalt in Berlin kommt Kleist in Dresden an.
Die Erzählung »Jeronimo und Josephe. Eine Szene aus dem Erdbeben zu Chili vom Jahre 1647« erscheint im »Morgenblatt für gebildete Stände«, sie erhält später den Titel »Das Erdbeben in Chili«.
Umgang mit Christian Gottfried Körner, Adam Müller, Sophie von Haza, Gotthilf Friedrich Schubert, Baron von Buol und Ludwig Tieck im literarischen Salon von Rahel und Karl August Varnhagen.
Kurze Liaison mit Julie Kunze. Kleist beendet die Arbeit an der Tragödie »Penthesilea« und schließt das historische Ritterschauspiel »Käthchen von Heilbronn oder Die Feuerprobe« ab.

1808 Zusammen mit Adam Müller beginnt Kleist mit der Herausgabe der Monatsschrift »Phöbus. Ein Journal für die Kunst« (bis Dezember 1808).
Teile von Kleists Schriften werden im »Phöbus« gedruckt (»Penthesilea«, »Robert-Guiskard-Fragment«, »Michael Kohlhaas«).
In einem Brief lehnt Goethe die Tragödie »Penthesilea« wegen ihrer theaterwidrigen Form ab.
März: Die Uraufführung des Lustspiels »Der zerbrochene

Krug« am Hoftheater in Weimar wird zu einem Misserfolg, nicht zuletzt wegen Goethes Bearbeitung des Dramas.
»Penthesilea« erscheint.
April: Die Monatsschrift »Phöbus« gerät in Finanzschwierigkeiten.
Dezember: Kleist stellt sein Drama »Die Hermannsschlacht« fertig (erscheint erst 1821 in den »Hinterlassenen Schriften«).

1809 Mit großer Begeisterung liest Kleist den patriotischen Schriftsteller und Publizisten Ernst Moritz Arndt.
April: Kleist gerät wegen des Scheiterns des »Phöbus« in Streit mit Adam Müller.
Reise nach Österreich und Prag zusammen mit Friedrich Christoph Dahlmann.
Mai: Nach der Besichtigung des Schlachtfeldes bei Aspern wird Kleist vorübergehend festgenommen.
Kleist plant, unter dem Namen »Germania« eine politische Wochenzeitschrift mit nationaler Tendenz in Österreich herauszugeben, sein Gesuch um Genehmigung wird jedoch von den Behörden ignoriert.
Juni-Oktober: Aufenthalt in Prag.
Schwere Krankheit.
November: Reise nach Frankfurt an der Oder.

1810 *Januar:* Rückkehr nach Berlin
Umgang mit Adam Müller, Achim von Arnim, Clemens Brentano, Bernhard Anselm Weber, Friedrich de la Motte Fouqué, Rahel und Karl August Varnhagen in der Christlich-Deutschen Tischgesellschaft.
März: Kleist schreibt ein Geburtstagsgedicht an Königin Luise.
»Das Käthchen von Heilbronn oder Die Feuerprobe« wird in Wien uraufgeführt.
Bekanntschaft mit dem Verleger Georg Andreas Reimer.
Der erste Band von Kleists »Erzählungen« (»Das Erdbeben in Chili«, »Die Marquise von O...«, »Michael Kohlhaas«) erscheint.
Oktober: Die erste Ausgabe der von Kleist herausgegebenen Tageszeitung »Berliner Abendblätter«, in der er selbst einige Erzählungen und Anekdoten veröffentlicht, erscheint.
»Das Käthchen von Heilbronn oder Die Feuerprobe« wird

veröffentlicht.
Kleist bemüht sich um staatliche Unterstützung für die »Berliner Abendblätter«.

1811 »Der zerbrochene Krug« erscheint.
März: Die letzte Ausgabe der »Berliner Abendblätter« wird gedruckt.
Juni: Kleist beendet sein Schauspiel »Prinz Friedrich von Homburg« (erscheint 1821 in den »Hinterlassenen Schriften«). Der zweite Band von Kleists »Erzählungen« (»Die Verlobung in San Domingo«; »Das Bettelweib von Locarno«; »Der Findling«; »Die heilige Cäcilie oder die Gewalt der Musik«; »Der Zweikampf«) kommt heraus.
Umgang mit Marie von Kleist, August Graf Neithart von Gneisenau und Henriette Vogel.
September: Kleist wird die Wiedereinstellung als Offizier in Aussicht gestellt.
21. November: Freitod Kleists am Kleinen Wannsee bei Berlin, gemeinsam mit Henriette Vogel.

Dekadente Erzählungen

Im kulturellen Verfall des Fin de siècle wendet sich die Dekadenz ab von der Natur und dem realen Leben, hin zu raffinierten ästhetischen Empfindungen zwischen ausschweifender Lebenslust und fatalem Überdruss. Gegen Moral und Bürgertum frönt sie mit überfeinen Sinnen einem subtilen Schönheitskult, der die Kunst nichts anderem als ihr selbst verpflichtet sieht.

Rainer Maria Rilke Die Aufzeichnungen des Malte Laurids Brigge **Joris-Karl Huysmans** Gegen den Strich **Hermann Bahr** Die gute Schule **Hugo von Hofmannsthal** Das Märchen der 672. Nacht **Rainer Maria Rilke** Die Weise von Liebe und Tod des Cornets Christoph Rilke

ISBN 978-3-8430-1881-4, 412 Seiten, 29,80 €

Erzählungen aus dem Sturm und Drang

Zwischen 1765 und 1785 geht ein Ruck durch die deutsche Literatur. Sehr junge Autoren lehnen sich auf gegen den belehrenden Charakter der - die damalige Geisteskultur beherrschenden - Aufklärung. Mit Fantasie und Gemütskraft stürmen und drängen sie gegen die Moralvorstellungen des Feudalsystems, setzen Gefühl vor Verstand und fordern die Selbstständigkeit des Originalgenies.

Jakob Michael Reinhold Lenz Zerbin oder Die neuere Philosophie **Johann Karl Wezel** Silvans Bibliothek oder die gelehrten Abenteuer **Karl Philipp Moritz** Andreas Hartknopf. Eine Allegorie **Friedrich Schiller** Der Geisterseher **Johann Wolfgang Goethe** Die Leiden des jungen Werther **Friedrich Maximilian Klinger** Fausts Leben, Taten und Höllenfahrt

ISBN 978-3-8430-1882-1, 476 Seiten, 29,80 €

Erzählungen aus dem Sturm und Drang II

Johann Karl Wezel Kakerlak oder die Geschichte eines Rosenkreuzers **Gottfried August Bürger** Münchhausen **Friedrich Schiller** Der Verbrecher aus verlorener Ehre **Karl Philipp Moritz** Andreas Hartknopfs Predigerjahre **Jakob Michael Reinhold Lenz** Der Waldbruder **Friedrich Maximilian Klinger** Geschichte eines Teutschen der neusten Zeit

ISBN 978-3-8430-1883-8, 436 Seiten, 29,80 €